CONTEÚDO DIGITAL PARA ALUNOS

Cadastre-se e transforme seus estudos em uma experiência única de aprendizado:

1

Entre na página de cadastro:

https://sistemas.editoradobrasil.com.br/cadastro

2

Além dos seus dados pessoais e dos dados de sua escola, adicione ao cadastro o código do aluno, que garantirá a exclusividade do seu ingresso à plataforma.

7019396A9888674

3

Depois, acesse:

https://leb.editoradobrasil.com.br/

e navegue pelos conteúdos digitais de sua coleção **:D**

Lembre-se de que esse código, pessoal e intransferível, é valido por um ano. Guarde-o com cuidado, pois é a única maneira de você acessar os conteúdos da plataforma.

Editora do Brasil

Fé na vida

ÉTICA E CIDADANIA

6

MARGARIDA REGINA DE ALMEIDA

JOSÉ DONIZETTI DOS SANTOS

LUCAS MADSEN DA SILVEIRA

Editora do Brasil

Dados Internacionais de Catalogação na Publicação (CIP)
(Câmara Brasileira do Livro, SP, Brasil)

Almeida, Margarida Regina de
Fé na vida : ética e cidadania, 6 / Margarida Regina de Almeida, José Donizetti dos Santos, Lucas Madsen da Silveira. – 2. ed. – São Paulo : Editora do Brasil, 2021. – (Fé na vida)

ISBN 978-65-5817-325-0 (aluno)
ISBN 978-65-5817-324-3 (professor)

1. Cidadania (Ensino fundamental) 2. Ética (Ensino fundamental) I. Santos, José Donizetti dos. II. Silveira, Lucas Madsen da. III. Título. IV. Série.

20-52089 CDD-372.1

Índices para catálogo sistemático:
1. Ética e cidadania : Ensino fundamental 372.1
Cibele Maria Dias - Bibliotecária - CRB-8/9427

Direção-geral: Vicente Tortamano Avanso

Direção editorial: Felipe Ramos Poletti
Gerência editorial: Erika Caldin
Supervisão de arte: Andrea Melo
Supervisão de editoração: Abdonildo José de Lima Santos
Supervisão de revisão: Dora Helena Feres
Supervisão de iconografia: Léo Burgos
Supervisão de digital: Ethel Shuña Queiroz
Supervisão de controle de processos editoriais: Roseli Said
Supervisão de direitos autorais: Marilisa Bertolone Mendes

Supervisão editorial: Júlio Fonseca
Edição: Andressa Pontinha
Auxílio editorial: Douglas Bandeira
Especialista em copidesque e revisão: Elaine Cristina da Silva
Copidesque: Cisélia Costa, Ricardo Liberal e Sylmara Beletti
Revisão: Alexandra Resende, Amanda Cabral, Andreia Andrade, Fernanda Almeida, Fernanda Prado, Flávia Gonçalves, Gabriel Ornelas, Mariana Paixão, Martin Gonçalves e Rosani Andreani
Pesquisa iconográfica: Elena Molinari, Marcia Sato e Enio Lopes
Assistência de arte: Daniel Campos Souza
Design gráfico: Megalo Design
Capa: Megalo Design
Imagem de capa: Megalo Design
Edição de arte: Patricia Ishihara
Ilustrações: Cibele Queiroz, Laerte Silvino, Leonardo Conceição, Ricardo Ventura
Editoração eletrônica: Npublic/Formato Editoração
Licenciamentos de textos: Cinthya Utiyama, Jennifer Xavier, Paula Harue Tozaki e Renata Garbellini
Controle de processos editoriais: Bruna Alves, Carlos Nunes, Rita Poliane, Valéria Alves e Terezinha de Fátima Oliveira

2ª edição / 5ª impressão, 2024
Impresso na Melting Color

Editora do Brasil

Avenida das Nações Unidas, 12901
Torre Oeste, 20º andar
São Paulo, SP – CEP: 04578-910
Fone: +55 11 3226-0211
www.editoradobrasil.com.br

Querido estudante,

Foi com muito carinho e cuidado que preparamos este livro para você.

Nossa caminhada ao longo deste ano será uma grande aventura em busca de novos aprendizados. Sua juventude está apenas começando. Lembre-se: você é o principal responsável pela construção de sua própria história.

Cada diálogo deste livro foi planejado para ajudar você a entender que o **cuidado** consigo mesmo e com os outros é importante para nos tornarmos seres humanos melhores e mais felizes. Queremos encorajá-lo a assumir sua responsabilidade na missão de tornar o mundo melhor: justo, fraterno, solidário, um lugar bom para viver.

Vamos, juntos, aprender a cuidar de nós mesmos, dos outros, de nosso planeta e da vida.

Desejamos sucesso nesta caminhada.

Um abraço carinhoso,
Margarida, Donizetti e Lucas

Conheça os autores

Margarida Regina de Almeida

- Pós-graduada em Metodologia do Ensino Fundamental e Médio
- Licenciada em Pedagogia
- Licenciada em Desenho e Artes Plásticas

José Donizetti dos Santos

- Filósofo e educador
- Especialista em Neurociência na Educação
- Instrutor sênior de Meditação Mindfulness
- Diretor de escola da rede particular de ensino

Lucas Madsen da Silveira

- Mestre em História e Culturas Políticas
- Licenciado em História
- Professor de História e Educação para a Vida

A MAGIA DA VIDA

Possamos ser espontâneos e leves. Suaves e
transparentes.
Moderados, corajosos e humildes na compaixão.
A magia da vida está na simplicidade das pequenas
coisas!

Possamos ser amorosos e justos. Alegres e plenos
de esperança.
Cordiais, gentis e carinhosos na amizade.
Gratos, atenciosos e serenos ao tomar decisões.
A magia da vida está na simplicidade das pequenas
coisas!

Possamos ser generosos e prudentes.
Sensíveis e cuidadosos. Únicos e pacíficos.
Inquietos e eternos aprendizes durante a travessia.
A magia da vida está na simplicidade das pequenas
coisas!

José Donizetti dos Santos

SUMÁRIO

PeopleImages/iStockphoto.com

PRIMEIRO **MOMENTO**

monkeybusinessimages/iStockphoto.com

SEGUNDO **MOMENTO**

TERCEIRO **MOMENTO**

Valores essenciais para cuidar do mundo 85

Maica/iStockphoto.com

QUARTO **MOMENTO**

Valores essenciais para cuidar da vida 130

Nanette_Grebe/iStockphoto.com

fstop123/iStockphoto.com

Olesia Bilkei/Shutterstock.com

Primeiro Momento

Valores essenciais para o autocuidado

O autoconhecimento é bastante rico e necessário para a construção de uma vida saudável e feliz. Trata-se de um processo essencial para que possamos identificar e conhecer nossos desejos, qualidades e limitações.

Quando tomamos consciência de nosso valor, passamos a nos respeitar e a sentir orgulho de nossas habilidades e potenciais qualidades, que poderão ser desenvolvidas e utilizadas a nosso favor. Uma das formas de desenvolver o autoconhecimento é prestando atenção em nossas emoções, nossas atitudes cotidianas e em como lidamos com nossas conquistas. Trata-se de uma tarefa diária.

DIÁLOGO 01

Conhecimento e autocuidado

Beto Celli

Autoconhecimento: uma conquista diária

À medida que nos conhecemos, compreendemos que o crescimento depende do empenho e da força de vontade em usar nossas habilidades a nosso favor.

O autoconhecimento é uma condição para a conquista da realização pessoal. Quanto mais nos conhecemos, mais crescem nossa autoestima, nossa autoconfiança e, consequentemente, nossa **autonomia**.

Autonomia: capacidade para administrar a própria vida, tendo como referência seus desejos e princípios.

Se lhe perguntassem “Quem é você?”, talvez você dissesse seu nome. Mas essa resposta seria suficiente para que uma pessoa o conhecesse?

Vamos observar um RG (Registro Geral). Você perceberá que nesse documento há uma fotografia, uma assinatura, a impressão digital de um polegar, o nome dos pais e da cidade em que o dono do documento nasceu. Esse conjunto de informações constitui parte da **identidade** de uma pessoa.

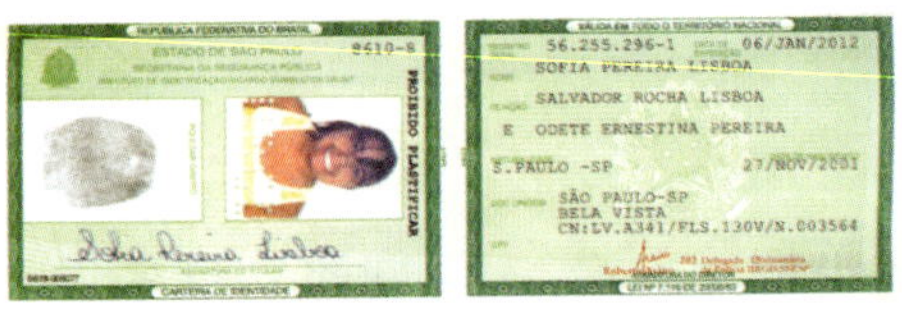

Arquivo pessoal

A carteira de identidade é um importante documento de identificação, porém não expressa toda a singularidade de um ser humano.

Mas será que elas são suficientes para afirmar que conhecemos alguém? Por exemplo, se um colega de sala lesse o RG de seus pais, ele teria condições de conhecê-los tão bem quanto você?

É evidente que não. Isso porque você conhece parte da história de vida deles, alguns traços de personalidade e algumas preferências, você sabe se eles gostam de animais domésticos, qual é a comida favorita de cada um,

Leonardo Conceição

conhece os principais valores deles. Enfim, tem referências e intimidade para identificar as principais características da identidade de seus pais.

O autoconhecimento é fundamental para a construção do amor-próprio. Conheça a seguir seus seus principais fundamentos.

- **Autoconhecimento** de nossas habilidades e possibilidades. Reflita sobre estas questões: Quem sou eu? Quais são minhas qualidades e minhas limitações?
- **Autocuidado** é a preocupação com o corpo e a mente, significa dar atenção a nós mesmos. O autocuidado e a autoestima dependem um do outro.
- **Singularidade** é o que nos distingue, são as nossas características e particularidades. Tudo o que contribui para que sejamos únicos.
- **Respeito e tolerância** são as habilidades sociais que permitem a todo ser humano expressar a individualidade com liberdade, direitos e deveres.

Ao tentar responder as questões do **Momento de Prosa**, você perceberá que se conhecer não é tão simples. Somente com o tempo, muita observação e curiosidade é que começamos a perceber onde estão nossas qualidades e limitações. Não à toa, grandes filósofos do passado, como Sócrates, afirmaram que, para viver bem, é necessário conhecer a si mesmo e cuidar de si. Conhecer-se não é preocupar-se com o corpo, a beleza física e a riqueza, mas buscar entender-se como um todo, no que tange a sentimentos, emoções, valores e sonhos.

PENSE NISSO

Ninguém consegue dar o que não tem ou amar o que não conhece. Por esse motivo, para amar e respeitar o outro, precisamos, primeiro, conhecer, amar e respeitar a nós mesmos.

O amor-próprio não é egoísmo, e sim um caminho para encontrar a felicidade e contribuir para a felicidade do outro. É o caminho para descobrir e manter a própria singularidade.

MOMENTO de PROSA

01 Reflita sobre o texto anterior e a tirinha. Depois, comente com os colegas e o professor o que você compreendeu.

02 Para você, o que significa conhecer a si mesmo?

03 Em sua opinião, como o autoconhecimento poderá mudar sua relação com você mesmo?

PARA LER E REFLETIR

Leonardo Conceição

A casa dos espelhos

Há muito tempo havia na minha cidade uma casa bem interessante. Era conhecida como a "casa dos mil espelhos". As pessoas ficavam muito curiosas por saber o que havia lá dentro, pois se dizia que era uma casa mágica, mas tinham muito medo de serem amaldiçoadas ao entrar lá.

Certo dia, dois homens da cidade decidiram entrar na casa. Eram dois amigos, mas tinham atitudes bastante diferentes um do outro. Ao entrar na casa, puderam comprovar isso.

O primeiro a entrar foi Mateus, um homem alegre, que vivia sorrindo e brincando com as pessoas da cidade. Ao entrar na casa, foi saudado por centenas de pessoas. A casa estava cheia de gente, todos alegres, vibrantes, sorridentes.

Mateus ficou encantado com o lugar e saiu correndo para dizer ao amigo que também entrasse para ver que lugar maravilhoso era aquele.

Encontrou o amigo na porta da sala. Pedro, o amigo, não era de muitos sorrisos. Sempre agia com rigidez, com a testa franzida e os olhos raivosos. Mateus disse-lhe o que havia visto e todas as pessoas que o saudaram. Pedro não acreditou muito, pois sempre ouvira falar que a casa era mal-assombrada. Decidiu conferir por conta própria.

Ao entrar na casa, viu várias pessoas desconfiadas, encarando-o. Todos os rostos estavam fechados, com aparência de ódio. Pedro resolveu falar alto para mostrar que não tinha medo de cara feia. Em coro, todos os que estavam na casa também gritaram e se mostraram ainda mais hostis. Pedro decidiu sair dali e nunca mais voltar.

– Que lugar horrível! Você me enganou – disse ao amigo ao sair.

ZANON, Darlei. *Parábolas de virtude*. São Paulo: Paulus, 2008. p. 74-75.

1. Quem eram as pessoas que sorriam para Mateus e não sorriam para Pedro?

2. Como as emoções e as atitudes de Pedro o afetaram?

3. Quais outros aprendizados o texto lhe proporcionou?

MOMENTO DE **REFLEXÃO**

1. Pense em tudo o que aprendeu até o momento e faça o que se pede.

a) Cite três de suas principais qualidades.

b) Explique como você utiliza seu principal dom.

c) Cite duas de suas principais habilidades e em quais situações você as utiliza.

d) Cite sua maior limitação e explique uma situação em que ela o atrapalhou.

e) Explique qual é seu maior medo ou insegurança.

f) Cite seus maiores sonhos.

g) Cite seus maiores objetivos.

2. Em dupla, reflita e, depois, compartilhe com os colegas as respostas do exercício anterior.

MOMENTO DE **ATENÇÃO PLENA**

Este momento é para que você se perceba. Trata-se de uma pausa na rotina. Por um minuto, detenha-se em sua respiração. Inspire profundamente. Retenha o ar por um instante. Expire longamente. Preste atenção no que você está pensando: Em uma pessoa? Em um lugar? Em algum acontecimento? Como você se sente em relação a essa pessoa, lugar ou acontecimento?

COMPROMISSO DA SEMANA

Durante esta semana, meu compromisso será prestar atenção em minhas emoções e como elas afetam minha relação comigo, com meus familiares, colegas e professores.

MEUS **PENSAMENTOS**

Anote aqui o que mais o marcou durante as reflexões deste diálogo. É possível que tenha sido uma ideia, um desejo, um sentimento, uma descoberta, uma proposta...

Caso queira, aproveite a oportunidade e ilustre seus sentimentos.

DIÁLOGO 02

A força da bondade

Highwaystarz-Photography/ iStockphoto.com

▸ A bondade pode ser manifestada em pequenas ações do cotidiano.

O que é a bondade?

Bondade é a prontidão para fazer o bem, buscando compreender as necessidades do outro com paciência e **empatia**. Bondade é a prontidão para fazer o bem, é buscar compreender as necessidades do outro com paciência e empatia. Ser bondoso é colocar-se no lugar do outro considerando suas características e história pessoal, refletir sobre a vivência de sofrimentos e alegrias dele. Trata-se de uma qualidade que serve de gatilho para a disposição de ajudar o outro e colaborar com ele, com generosidade e espírito solidário.

Para praticar a bondade com o próximo, é preciso, antes, ser bondoso consigo. Mas o que isso significa?

A bondade exige **compaixão** e empatia. Compaixão é o ato de se sentir tocado pela situação do outro e buscar maneiras de ajudá-lo, dar apoio àquele que necessita. Empatia é o ato de se colocar no lugar do outro e vivenciar seus sofrimentos e suas alegrias.

Ser bondoso é ajudar o outro a crescer, a desenvolver seu potencial humano, encontrar uma maneira de viver melhor e ser feliz. A pessoa bondosa tem empatia e, por esse motivo, respeita o outro do jeito que ele é, valoriza suas qualidades e colabora para que ele supere suas limitações.

Compaixão: é se sentir tocado pelo problema do outro e buscar maneiras de ajudá-lo, de dar apoio.

Empatia: é o ato de se pôr no lugar do outro e vivenciar os sofrimentos e as alegrias dele.

Ser bondoso comigo mesmo

Autovalorização: valorizar a si mesmo, compreender e vivenciar o amor-próprio.

Ser bom consigo significa desenvolver amor-próprio e **autovalorização**. É cuidar-se como quem cuida de um bem valioso. Implica ser compreensivo e bondoso consigo ao procurar viver bem a própria vida.

Para sermos bondosos conosco, precisamos cuidar de nosso corpo e de nossas emoções, prestando atenção nele e em nossos sentimentos, necessidades e, especialmente, em nossos limites. É importante ter em mente que, quando atingimos nossos limites, precisamos avaliar a situação, voltar o olhar para nós mesmos e nos proteger.

FatCamera/iStockphoto.com

▸ Bondade não significa concordar em ser usado. É importante aprender a se posicionar em situações prejudiciais.

Aceitar maus-tratos, desrespeito e injustiça não significa ser bondoso. Algumas vezes aceitamos brincadeiras de mau gosto ou algumas atitudes apenas para agradar o outro. Quando agimos assim, não percebemos que podemos causar mal a nós mesmos. Por exemplo: alguém lhe coloca um apelido do qual você não gosta, mas você o admite para ser aceito pela turma.

Outro exemplo é fazer a lição para o colega ou "passar cola" nas provas achando que está sendo bondoso com ele... Diga não! Ao aceitar situações assim, você está permitindo ser usado, deixando que se beneficiem desonestamente de seu mérito por ser um bom aluno. Além de se prejudicar, você acaba incentivando o colega a não se esforçar, a não estudar e a ser desleal.

Para compreender o que é certo e o que é errado – e assim criar uma boa consciência –, é preciso dar a si mesmo a oportunidade de conhecer novos valores e vivenciar boas experiências. Com base nelas, você compreenderá quando é hora de cuidar do outro e quando é hora de cuidar mais de você.

PENSE NISSO

O cuidado representa uma relação amorosa e não agressiva para com o outro; seja pessoa humana, seja algum ser da natureza. O cuidado nasce do envolvimento com o outro e com a preocupação pela vida e destino. É uma forma de amor, pois tudo o que amamos também cuidamos; e tudo o que cuidamos também amamos.

BOFF, Leonardo. *Princípio de compaixão e cuidado.* Petrópolis: Vozes, 2009. p. 8.

Alistair Berg/Getty Images

▸ Praticamos a bondade quando descobrimos novas atividades que nos dão prazer e as compartilhamos com o objetivo de proporcionar práticas saudáveis.

Por meio da experiência, você aprenderá a julgar o que é aceitável e o que não é, e conseguirá avaliar o que é capaz de suportar, o que para você é desrespeitoso e o que verdadeiramente o faz satisfeito e feliz.

AMPLIANDO O CONHECIMENTO

Religiosidade

Universal Images Group/Getty Images

▶ A tolerância é um dos fundamentos para uma sociedade pacífica e inclusiva.

A religião pode nos dar orientações para vivermos a bondade. Muitas religiões ensinam que, em nosso coração, conseguimos encontrar a resposta para o que é bom ou ruim; em um momento de reflexão ou oração podemos perceber se nossa conduta é boa.

Quando temos uma crença ou uma ideia que para nós é muito importante, devemos tomar cuidado para não nos tornarmos intolerantes, assumindo a posição de "donos da verdade".

Algumas atitudes identificam uma pessoa bondosa, por exemplo: ela preocupa-se com o bem-estar dos outros, evita causar mal ao próximo, cuida de si mesma e não prejudica o outro para alcançar sucesso pessoal.

PENSE NISSO

Ser bondoso consigo e com o outro é uma atitude de sabedoria, pois essa prática enriquece interiormente, dá prazer e alegria em viver. Em seu cotidiano, é importante buscar sempre o melhor!

E o que isso significa?

Na prática, significa aprender coisas novas a cada dia, saber conviver com os outros e ser grato pela vida, pelas pessoas e pelos próprios dons e oportunidades que nos rodeiam.

Ser bondoso consigo significa valorizar a vida a cada instante e vivê-la plenamente com muita responsabilidade.

1. Em sua opinião, quando a prática de uma religião pode ser compreendida como positiva e quando assume aspectos negativos?

2. A imagem do texto representa alguns símbolos religiosos. Utilize o espaço abaixo para criar um símbolo que represente a bondade e a religiosidade para você.

PARA LER E REFLETIR

designaart/iStockphoto.com

É assim que acontece a bondade

[...] Imagine isso: o corpo como um grande canteiro! Nele se encontram, adormecidas, em estado de latência, as mais variadas sementes – lembre-se da história da Bela Adormecida! Elas poderão acordar, brotar. Mas poderão também não brotar. Tudo depende... As sementes não brotarão se sobre elas houver uma pedra. E também pode acontecer que, depois de brotar, elas sejam arrancadas... De fato, muitas plantas precisam ser arrancadas, antes que cresçam. Nos jardins há pragas: tiriricas, picões...

Uma dessas sementes é a "solidariedade". A solidariedade não é uma entidade do mundo de fora, ao lado de estrelas, pedras, mercadorias, dinheiro, contratos. Se ela fosse uma entidade do mundo de fora, poderia ser ensinada e produzida. A solidariedade é uma entidade do mundo interior. Solidariedade nem se ensina, nem se ordena, nem se produz. A solidariedade tem de brotar e crescer como uma semente. [...]

ALVES, Rubem. *Sete vezes Rubem Alves*. Campinas: Papirus, 2012. p. 205.

1. Quais são as sementes que você carrega consigo e que estão à espera para brotar?

2. Quais são as pedras que estão impedindo suas sementes de brotar?

3. Por que podemos dizer que a solidariedade não vem de fora de nós?

4. Por que não podemos ensinar a solidariedade?

MOMENTO DE **REFLEXÃO**

1. Com base no que você aprendeu, dê dois exemplos de conduta bondosa.

2. Analise as imagens deste diálogo. O que elas têm em comum? Como cada uma delas representa a bondade?

3. Relacione a coluna da esquerda à coluna da direita.

Empatia	Carinho com os familiares.
	Prática regular de esportes.
	Reconhecimento de minhas emoções.
	Cooperação com o professor, respeitando sempre seu momento de trabalho.
Autocuidado	Cuidado com a alimentação.
	Auxílio ao colega que tem dificuldade em alguma matéria.

4. Assinale **V** para as afirmações verdadeiras e **F** para as falsas.

a) (   ) Nossos limites não importam. Independentemente da situação, devemos sempre valorizar mais o outro do que a nós mesmos.

b) (   ) Ao praticar uma religião, devemos tomar cuidado para não agirmos como "donos da verdade".

c) (   ) Autobondade significa valorizar todos os momentos e acontecimentos de nossa vida.

d) (   ) Ser bondoso significa tolerar maus-tratos, desrespeito e injustiça para não desagradar ao outro.

DINÂMICA DE **GRUPO**

1. Orientações para a realização da atividade:

a) Na posição definida pelo professor, em silêncio, responda mentalmente às perguntas que ele fará.

b) Para cada resposta afirmativa (sim), você deverá dar um passo à frente.

c) Para cada resposta negativa (não), você deverá permanecer em sua posição.

2. Observe onde você finalizou sua caminhada. Depois, reflita: O que sua posição diz sobre o cuidado consigo mesmo?
Em seu caderno, registre sua percepção e compreensão sobre seu posicionamento.

COMPROMISSO DA SEMANA

Nesta semana serei bondoso e paciente comigo. Para isso, vou registrar mensagens positivas, divertidas e inteligentes para autoafirmações positivas sobre os meus pontos fortes, sobre o que tenho de melhor.

MEUS **PENSAMENTOS**

Anote aqui o que mais o marcou durante as reflexões deste diálogo. É possível que tenha sido uma ideia, um desejo, um sentimento, uma descoberta, uma proposta...

Caso queira, aproveite a oportunidade e ilustre seus sentimentos.

DIÁLOGO 03

Práticas para uma vida saudável

FatCamera/iStockphoto.com

Reservar um tempo para meditar significa uma oportunidade para organizar as ideias e os sentimentos. É uma oportunidade de autocuidado.

O poder dos hábitos

Nossa saúde é muito influenciada por nosso modo de viver. Ter boa saúde exige, além de força de vontade e disciplina, uma postura positiva diante das dificuldades: amar a vida, viver com alegria e prazer!

De acordo com a Organização Mundial da Saúde (OMS), a saúde é um estado de completo bem-estar físico, mental e social. Ela não consiste apenas na ausência de doença. Por isso, para ser saudável é preciso cuidar do corpo, da mente e criar bons hábitos de vida.

MOMENTO de PROSA

01 Comente com a turma quais são seus hábitos mais saudáveis.

02 Estabeleça uma relação entre a formação de hábitos e a disciplina.

Os bons e maus hábitos

Jose Luis Pelaez Inc/Digital Vision

▸ Quebra-cabeças, palavras cruzadas e *quizzes* ajudam a exercitar o cérebro. Trata-se de um bom hábito a ser cultivado.

Hábitos são atitudes e comportamentos que repetimos em nosso dia a dia, ou seja, algo que fazemos repetidamente, do mesmo jeito, até que passamos a fazê-lo sem nem planejar.

Os hábitos surgem de valores e experiências individuais significativas. Servem para reforçar a aprendizagem, desenvolver novas atitudes e responsabilidades e promover formas de organização.

Os bons hábitos podem ser chamados de virtudes: é tudo o que estimula e potencializa o crescimento, a melhoria, o avanço, o êxito, a realização de metas. Eles sempre trazem benefícios, mesmo que seja a longo prazo.

Os maus hábitos podem ser chamados de vícios: é tudo o que limita o crescimento pessoal. De certa maneira, impedem que a pessoa dê o melhor de si. No início, em geral, os maus hábitos são bastante atraentes. Contudo, passado algum tempo, suas consequências são ruins. Por exemplo, comer comidas muito doces ou gordurosas, como sorvete ou bolo de chocolate, é muito prazeroso. Mas, se não tomarmos cuidado, isso pode se transformar em um hábito alimentar prejudicial a nossa saúde, autoestima e sociabilidade.

FatCamera/iStockphoto.com

▸ A prática diária de andar de bicicleta pode reduzir os riscos de desenvolvimento de doenças cardiovasculares em até 50%.

Para corrigir algum mau hábito é fundamental, primeiro, tomar consciência do mal que ele faz. Em seguida, é preciso força de vontade e esforço. Querer mudar e saber como agir são condições essenciais para a mudança.

Bons hábitos, boa saúde

FatCamera/Getty Images

As atividades físicas em grupo ajudam na socialização.

Praticar atividades físicas é bastante saudável. Além de ajudar no bom funcionamento do organismo, pode **prevenir** hábitos prejudiciais como o consumo de cigarros, álcool e drogas.

A prática de atividades físicas traz muitos outros benefícios:

- ensina a importância da disciplina e do esforço pessoal;
- promove a competitividade, que, se for desenvolvida com moderação e equilíbrio, ajuda a aprender com as vitórias e a conviver com as derrotas;
- desenvolve a socialização, pois ensina a respeitar a autoridade, o outro (com suas diferenças) e os adversários, além de proporcionar o entendimento da necessidade de seguir regras.

Saúde e nutrição

A adolescência é uma fase da vida na qual ocorrem muitas mudanças. Para enfrentá-las, é necessário ter uma alimentação adequada. São grandes os desafios: evitar a deficiência nutricional e não comer em excesso.

Tente não resolver dificuldades e ansiedades com a alimentação. Em curto prazo, certos alimentos aliviam a tensão e dão prazer, mas, ao longo do tempo, seu consumo pode prejudicar a saúde e se tornar um hábito difícil de mudar. Em vez disso, encontre alívio nas atividades físicas e no convívio com a família e os amigos.

monkeybusinessimages/iStockphoto.com

A alimentação contribui para o bom desenvolvimento do organismo e a preservação da saúde.

Para manter uma alimentação saudável, siga algumas dicas

Prostock-studio/Shutterstock.com

▶ A alimentação saudável contribui muito para o bom funcionamento do corpo.

1. Faça pelo menos três refeições e dois lanches saudáveis por dia.
2. Consuma diariamente cereais e dê preferência aos grãos integrais e aos tubérculos.
3. Coma diariamente de três a cinco porções de legumes, verduras e frutas.
4. Arroz e feijão é uma combinação completa de proteínas. Coma também outros tipos de leguminosas.
5. Consuma diariamente três porções de leite e derivados, priorizando os magros, e uma porção de carne magra.
6. Consuma, no máximo, uma porção por dia de óleos vegetais, como o azeite. Escolha alimentos sem gordura trans.
7. Evite refrigerantes, sucos industrializados, biscoitos, doces e sobremesas.
8. Diminua a quantidade de sal na comida. Evite consumir alimentos industrializados e com muito sódio.
9. Beba pelo menos dois litros (seis a oito copos) de água por dia.
10. Torne sua vida mais saudável. Pratique pelo menos 30 minutos de atividade física todos os dias.

mimagephotography/Shutterstock.com

▶ Beber água é fundamental para hidratar o corpo e manter seu funcionamento saudável.

Iakov Filimonov/Shutterstock.com

▶ A prática de exercícios físicos melhora nossa capacidade respiratória, a flexibilidade e a resistência física.

Sono restaurador

Cuidar da saúde é também cuidar da qualidade do sono. Os problemas relacionados ao sono, em geral, ocorrem por escassez ou má qualidade.

A má qualidade do sono envolve a dificuldade de adormecer ou permanecer dormindo, problemas para ficar acordado e para manter uma rotina regular de sono. Comportamentos incomuns – por exemplo, o sonambulismo – também podem ser observados. O resultado é que acordamos nos sentindo cansados, o que prejudica o ânimo e o rendimento escolar, além de afetar a qualidade das relações interpessoais.

Benefícios de dormir bem

- Regula o estado de saúde e o desempenho físico e mental.
- Influencia na coordenação motora, no raciocínio, na memória, no humor e na aprendizagem.
- Regula os hormônios e ajuda na recuperação da resistência física, no crescimento e no equilíbrio da temperatura corporal.

Como dormir bem

- Adotar o hábito de deitar-se e levantar-se sempre no mesmo horário.
- Fazer refeições leves à noite e não comer nada próximo da hora de dormir.

patat/iStockphoto.com

▸ Desligue os aparelhos eletrônicos um pouco antes de dormir. Os estímulos causados por esses aparelhos podem atrapalhar o sono.

- Evitar ingerir substâncias estimulantes à noite, como café, chá preto/mate e refrigerantes.
- Evitar atividades estressantes antes de dormir.
- Ter um colchão adequado para dormir: nem duro nem macio demais.
- Evitar planejar tarefas ou resolver problemas na hora de dormir.
- Desligar todos os aparelhos eletrônicos antes de se deitar, evitando a checagem das redes sociais nesse momento.

AMPLIANDO O CONHECIMENTO

Cultura e religião

A religião faz parte da cultura dos povos. E é comum encontrar nas religiões práticas ligadas à alimentação.

Rawpixel.com/Shutterstock.com

▸ A culinária islâmica tem pratos muito saborosos, entre eles podemos mencionar o tabule, os quibes crus e fritos, as pastas de grão-de-bico, de beringela e a coalhada.

Fevzile/Shutterstock.com

▸ Na cultura judaica alguns alimentos são preparados especialmente no Rosh Hashaná (Ano-Novo judeu) para pedir um ano bom e doce.

Café, carne de vaca e ketchup: 10 religiões e suas restrições alimentares

[...]

Islamismo

Para garantir a purificação espiritual, os fiéis devem se abster de bebidas alcoólicas (que, em alguns países, são até proibidas por lei), carne de porco, de animais selvagens, de répteis e de anfíbios, além de frutos do mar, com exceção de peixes com escama e camarões. [...]

Protestantismo

Com o objetivo de demonstrar fé e provocar um estado de espírito que favoreça a aproximação com Deus, algumas igrejas indicam jejuns esporádicos de bebidas e alimentos tentadores, como café, chocolate e guloseimas em geral. Apenas poucas denominações praticam jejuns regulares, como os adventistas do sétimo dia, que pregam que, na Bíblia, Deus adverte que a carne suína é imprópria para o consumo humano.

Judaísmo

[...] essa religião tem leis que vetam certos tipos de alimentos, e vai ainda mais além, pois corta qualquer receita que misture carne e leite. Segundo a "Torá" (o livro sagrado dos judeus), Deus disse ao seu povo: "Não cozinharás um bezerro no leite de sua mãe". Quanto à carne de animais conhecidos, não podem a suína, de coelho, de caranguejo, lagosta e camarão. Liberadas mesmo só as carnes de peixes com escamas, a bovina e a de cordeiro.

[...]

Espiritismo

Segundo a doutrina, a pessoa que tiver o dom da mediunidade (é capaz de se comunicar com espíritos) deve evitar o consumo de bebida alcoólica e de carne vermelha. A explicação sobre o álcool é que ele atrapalharia a evolução da espiritualidade e contaminaria o passe. Já quanto à carne, o sacrifício de animais intoxicaria o corpo físico, afetando o plano espiritual.

[...]

TESTONI, Marcelo. Café, carne de vaca e *ketchup*: 10 religiões e suas restrições alimentares. *UOL*, São Paulo, 20 jan. 2018. Disponível em: https://www.uol.com.br/universa/noticias/redacao/2018/01/20/cafe-bolo-de-aniversario-e-ketchup-10-alimentos-proibidos-por-religioes.htm. Acesso em: 29 ago. 2019.

1. Você tem alguma restrição alimentar? Se sim, por que?

2. Você acredita que a alimentação interfere no dia a dia? Explique.

3. Observe as imagens. Você costuma comer algum dos alimentos apresentados nessa seção? Em caso afirmativo, explique em quais ocasiões.

4. Sua família tem alguma tradição alimentar relacionada aos costumes religiosos? Em caso afirmativo, relate sua experiência.

MOMENTO DE **REFLEXÃO**

1. Cite e explique a importância dos hábitos em nosso cotidiano.

2. Observe a lista a seguir e assinale com **X** em azul os hábitos de sua rotina que considera positivo e com **X** em laranja os que considera negativos.

a) ( ) Ter uma alimentação saudável.

b) ( ) Organizar o quarto.

c) ( ) Tomar banho e fazer higiene bucal com assiduidade.

d) ( ) Portar-se de forma negativa na maioria das situações.

e) ( ) Prestar ajuda quando alguém necessita.

f) ( ) Falar mal das pessoas quando não gosta delas.

g) ( ) Saber perder em jogos e competições.

h) ( ) Guardar mágoas e ressentimentos.

i) ( ) Fazer as tarefas escolares.

j) ( ) Dormir na hora adequada para ter um sono restaurador.

k) ( ) Praticar atividades físicas.

3. Cite outros hábitos, além dos que assinalou na atividade anterior, que você considera importante adotar para que sua qualidade de vida seja melhor.

4. Quais benefícios a prática de bons hábitos pode proporcionar?

5. De acordo com as orientações do professor, forme um grupo com alguns colegas e, juntos, elaborem uma apresentação teatral. O objetivo é mostrar como vencer um mau hábito. Busquem inspiração nos hábitos citados no texto.

MOMENTO DE **ATENÇÃO PLENA**

Antes da refeição, escolha o que pretende comer. Coloque em um prato os alimentos que consumirá. Escolha um local tranquilo para sentar-se. Você terá seu momento de atenção plena enquanto se alimenta. Para isso, siga as orientações ao lado.

1. Pegue pequenas porções de alimentos.
2. Preste atenção enquanto leva esse alimento à boca. Sinta o cheiro, as sensações que ele desperta em você, e imagine o gosto e a textura por alguns segundos.
3. Coloque o alimento na boca e mastigue calmamente. Sinta o gosto e a textura. Tente perceber quais ingredientes formam o alimento.
4. Após ter mastigado pelo menos dez vezes, você pode engolir o alimento.
5. Repita esse procedimento com o restante da refeição.

COMPROMISSO DA SEMANA

Durante esta semana vou cuidar de minha alimentação e saúde física prestando atenção no que como.

Farei exercícios físicos ao menos três vezes na semana, não usarei o celular durante as refeições e o desligarei meia hora antes de dormir.

MEUS **PENSAMENTOS**

Anote aqui o que mais o marcou durante as reflexões deste diálogo. É possível que tenha sido uma ideia, um desejo, um sentimento, uma descoberta, uma proposta...

Caso queira, aproveite a oportunidade e ilustre seus sentimentos.

DIÁLOGO 04

Aprendendo a se expressar

PeopleImages/iStockphoto.com

Na atualidade, a tecnologia facilita as atividades cotidianas, especialmente a comunicação. Contudo, não podemos abrir mão do convívio e do contato pessoal.

O que é se expressar?

Expressar-se é conseguir demonstrar às pessoas o que sente. Para isso, é possível utilizar a fala, os gestos, a postura do corpo e as expressões faciais.

É muito importante aprender a se expressar. Às vezes nos sentimos mal porque não sabemos dizer ou explicar o que sentimos ou o que está acontecendo conosco. Por exemplo, é comum estar magoado com um colega, mas calar-se por insegurança e medo, ou gostar de alguém e não saber como dizer.

aelitta/iStockphoto.com

É preciso saber separar o momento de estar presencialmente com as pessoas e o de ser uma companhia apenas digital.

Hoje em dia é bastante comum comunicar-se usando redes sociais; elas são espaços de relacionamento importantes para a socialização, o encontro, a troca de ideias, a aquisição e a atualização de conhecimentos.

Contudo, devemos prestar atenção para não utilizarmos as redes sociais de modo excessivo, o que pode prejudicar os momentos presenciais em família ou com amigos. Para evitar que isso ocorra, é preciso exercer o **autocontrole**.

AMPLIANDO O CONHECIMENTO

A expressão e o autocontrole

Krulua/iStockphoto.com

Autocontrole

Autocontrole é a capacidade de dominar a própria mente. Trata-se de uma habilidade essencial, pois ajuda a controlar impulsos e a compreender e aceitar com mais paciência os conflitos que surgem na convivência com os outros.

Quando utilizamos as tecnologias digitais, devemos exercer o autocontrole, por exemplo, guardando o aparelho celular quando estivermos conversando com amigos, familiares ou quando estivermos na sala de aula. Ter autocontrole é também saber selecionar os momentos em que não usaremos nenhuma tecnologia nem acessaremos nenhuma rede social para permanecer com os amigos ou a família, estudar, ler um livro, passear etc.

Monkey Business Images/Shutterstock.com

▸ Embora a tecnologia tenha o potencial de aproximar pessoas, não se compara ao convívio, que só ocorre de forma presencial.

MOMENTO de PROSA

01 Existem várias maneiras de proteger sua identidade na internet. Cite as formas de proteção que você conhece. Depois, compartilhe-as com os colegas.

02 Você já perdeu a noção do tempo utilizando as redes sociais ou jogando no celular? O que isso indica sobre seu autocontrole?

03 É comum as pessoas usarem celular durante as aulas, nas refeições e nos momentos de socialização. Dê sua opinião: Por que elas não são capazes de guardá-los nessas ocasiões?

04 Quais são os principais prejuízos que podem ser causados a uma pessoa que não desenvolve autocontrole no uso de aparelhos eletrônicos?

PARA LER E REFLETIR

É necessário aprender a se cuidar e a proteger a própria identidade e intimidade no uso da internet. Exercer o autocontrole em relação ao uso das redes sociais é:

Macrovector/Shutterstock.com

- dar acesso às informações pessoais somente para familiares e amigos;
- proteger sua privacidade, para que pessoas desconhecidas não identifiquem suas atividades cotidianas;
- respeitar e exigir respeito nos ambientes virtuais;
- usar linguagem adequada para tratar as pessoas;
- procurar ajuda de familiares, professores ou alguma autoridade no caso de se sentir ameaçado de alguma maneira.

O que é confiável na internet?

Quando utilizamos a internet, precisamos compreender que nem todas as informações disponíveis são verdadeiras.

Para não acreditar em notícias falsas, verifique de onde vieram as informações, se as datas das publicações são recentes – pois é comum a publicação de notícias antigas como se fossem novas – e confirme se mais de um *site* apresenta as mesmas informações.

Não repasse para outras pessoas mensagens que você não tem certeza se são verdadeiras.

1. Para você, qual é a importância do autocontrole no uso dos meios de comunicação?

2. Como estão suas relações pessoais em casa, com os parentes e amigos? Elas estão preservadas ou deixadas de lado em razão da comunicação virtual?

AMPLIANDO O CONHECIMENTO

Tecnologia

wavebreakmedia/Shutterstock.com

É comum que as pessoas publiquem nas redes sociais somente os bons momentos, porém esse hábito pode trazer dificuldades emocionais para aqueles que não compreendem que as redes sociais são vitrines para essas ocasiões especiais.

hocus-focus/iStockphoto.com

Embora seja muito bom compartilhar nossas alegrias e momentos felizes, é importante verificar se o excesso de compartilhamento não reflete ansiedade ou insatisfação.

Redes sociais aumentam sensação de solidão, diz estudo

A pesquisa, publicada no *Periódico Americano de Medicina Preventiva*, aponta que acessar sites como Twitter, Facebook e Snapchat por mais de duas horas por dia dobra a probabilidade de alguém se sentir isolado.

Os cientistas argumentam que a exposição a representações idealizadas da vida de outras pessoas também faz com que sintamos inveja delas.

"Não sabemos o que veio antes - o uso de redes sociais ou a sensação de isolamento social", diz a coautora do estudo Elizabeth Miller, professora de Pediatria da Universidade de Pittsburgh.

"É possível que jovens adultos que se sentiam isolados socialmente recorreram às redes sociais. Mas pode ser que o uso cada vez mais intenso de mídia social levou eles a se sentirem isolados do mundo real."

Quase 2 mil adultos com idades entre 19 e 32 anos foram entrevistados quanto a seu uso de redes como Twitter, Facebook, Instagram, Pinterest, Snapchat e Tumblr.

O estudo sugere que quanto mais tempo uma pessoa fica online, menos tempo ela tem para interações no mundo real.

A navegação pelas redes sociais também pode despertar sentimentos de exclusão - inveja, por exemplo -, como quando se vê fotos de amigos se divertindo em eventos para os quais não se foi convidado.

"É importante estudar isso, porque há uma epidemia de problemas mentais e de isolamento social entre jovens adultos", afirma Brian Primack, da Escola de Medicina da Universidade de Pittsburgh.

"Somos criaturas sociais, mas a vida moderna tende a nos isolar em vez de nos aproximar. Apesar das redes sociais aparentemente criarem oportunidades de socialização, o estudo aponta que elas não têm o efeito que esperamos."

REDES sociais aumentam sensação de solidão, diz estudo. *BBC Brasil*, São Paulo, 6 mar. 2017. Disponível em: https://www.bbc.com/portuguese/geral-39178058. Acesso em: 2 dez. 2019.

PARA LER E REFLETIR

Fomo; o medo de ficar por fora

[...]

Não é doença. Nem transtorno. É um fenômeno. Uma matéria publicada no jornal New York Times apresentou o termo ao grande público: Fomo. É sigla de "fear of missing out", ou medo de ficar por fora. O exemplo clássico é o sujeito que checa mensagens no celular no cinema. Ele não pode, não consegue ou não quer ficar desconectado pela eternidade da duração do filme.

Para a psicóloga Rosa Maria Farah, coordenadora do Núcleo de Pesquisa da Psicologia em Informática da PUC, Fomo é apenas o novo nome para algo que existe já há tempos. Se é ou não um problema para o usuário, vai depender de com que frequência ele se conecta, se isso tem provocado prejuízos físicos, sociais, emocionais ou profissionais e também a percepção de exagero das pessoas que o cercam.

[...]

Caso o autocontrole não funcione, o ideal é procurar algum tipo de terapia. [...]

Cienpies Design/Shutterstock.com

É inegável a importância da internet hoje em dia. Entretanto, muitas vezes, o Fomo nos afasta de outras atividades prazerosas que só podemos fazer se deixarmos o *smartphone* de lado.

Juntos e sozinhos

[...]

Um dos usos contemporâneos mais importantes da internet é a autopropaganda. E esse é um processo que se retroalimenta. "É claro que as pessoas vão publicar que estão esquiando", ilustra a professora. E, quanto mais você sentir necessidade de provar que está "vivendo a vida", mais frustração deve causar a seus seguidores. Eles, então, farão o mesmo.

Outro ponto é que a internet se relaciona diretamente com a vulnerabilidade de seus usuários. "Estamos sós, mas com medo de intimidade", afirma. Há a ilusão de ter companhia sem precisar corresponder [a] ela com amizade. "Simplificando, é mais fácil teclar do que conversar. E isso nos mantêm ocupados a ponto de procurarmos relacionamentos *on-line* que representem menores riscos emocionais." Pela praticidade. A solidão e o desejo de estabelecer contato são verdadeiros. A companhia é que pode não ser.

[...]

QUINTANILHA, Leandro. Fomo; o medo de ficar por fora. *Estadão*, São Paulo, 28 ago. 2011. Disponível em: https://link.estadao.com.br/noticias/geral,fomo-o-medo-de-ficar-por-fora,10000038220. Acesso em: 22 ago. 2019.

1. Explique o que você entendeu por Fomo e cite um exemplo.

2. Observe a imagem e, tendo em mente o que leu no texto, explique a expressão "juntos e sozinhos".

Syda Productions/Shutterstock.com

3. Em geral, quantas vezes você checa as suas redes sociais por dia? Quando não as acessa, como você se sente?

MOMENTO DE **REFLEXÃO**

1. Cite três cuidados que devemos ter no uso dos meios virtuais de comunicação.

2. Cite três vantagens que os meios de comunicação virtual trouxeram para nosso cotidiano.

3. Observe sua postura e tente perceber como está sua expressão facial. Que mensagem você está transmitindo para os outros por meio de seu corpo?

4. Faça um desenho representando uma maneira de se expressar positivamente.

MOMENTO DE **ATENÇÃO PLENA**

Para o momento de atenção plena de hoje, faça uma atividade em duplas. Sente-se de frente para um colega e analise a expressão dele. Tente perceber tudo o que se passa com ele: Ele está tenso? Constrangido? Entediado? Alegre? Ressentido? Preste atenção durante mais alguns instantes. Agora, compartilhe com ele o que observou e confirme se suas impressões estão corretas. Então, troquem de posição e repitam a atividade.

COMPROMISSO DA SEMANA

Durante esta semana, meu compromisso será prestar atenção em como estou me comunicando com as pessoas em ambientes virtuais. Para isso, antes de enviar qualquer mensagem de texto, vou relê-la. Durante a releitura, buscarei verificar se existe algum erro na mensagem para confirmar que ela esteja gentil e educada.

MEUS **PENSAMENTOS**

Anote aqui o que mais o marcou durante as reflexões deste diálogo. É possível que tenha sido uma ideia, um desejo, um sentimento, uma descoberta, uma proposta...

Caso queira, aproveite a oportunidade e ilustre seus sentimentos.

DIÁLOGO 05

Propósito e disciplina

Jim Cummins/The Image Bank/Getty Images

Com determinação e esforço conseguimos alcançar nossos objetivos.

O poder da determinação

Você está crescendo e se desenvolvendo. Aos poucos, está entrando na adolescência, com todas as mudanças e transformações desafiadoras dessa fase da vida.

Olhando para si mesmo e para os outros, você descobre que a direção ou o rumo que a vida toma depende, em grande parte, de suas decisões. São suas atitudes, postura e jeito de ser que, aos poucos, vão criando sua realidade, seu mundo pessoal e social.

Determinação é a energia, a garra necessária para tomar atitudes. É dela que se origina a capacidade de decidir, assumindo a responsabilidade por suas ações e pelas consequências que elas acarretam. Pessoas determinadas tomam decisões e vão à luta por seus objetivos e ideais, independentemente das dificuldades que surgem no caminho.

Uma pessoa determinada **aprende a ver** os obstáculos como oportunidades de crescimento, como desafios a serem superados. A determinação é a alavanca, o estímulo, um convite à luta, ao trabalho, ao esforço para a realização daquilo que se sonha e se deseja.

A função da disciplina

PENSE NISSO

O verdadeiro poder se manifesta no fundo da alma de cada ser humano: é aquela força que nos faz enfrentar os desafios; levantar mil e uma vezes depois de cair mil; lutar por uma causa justa; não perder a esperança jamais; perseverar; interpretar de maneira construtiva tudo o que nos acontece; saber que o que chamamos de eu é na realidade nós, e agir de acordo com isso; celebrar e agradecer cada instante que vivemos; transformar em bom o mau tempo; trabalhar com o coração por um futuro melhor para todos; avançar sem medo; entregar-se a cada desafio da vida com coragem, responsabilidade, humildade e confiança. Definitivamente, o verdadeiro poder é o que nasce da capacidade para mudar a realidade individual e coletiva graças à força de nossas atitudes.

ROVIRA, Álex. *A boa vida: a arte de pensar positivo, cultivar a alegria e encontrar a felicidade nas pequenas coisas*. Rio de Janeiro: Sextante, 2013. p. 59.

A determinação é como um farol que guia o barco na direção que deve seguir. A disciplina é nossa capacidade de continuar remando o barco na direção correta. Uma pessoa disciplinada sabe dominar impulsos, enfrentar dificuldades e criar hábitos que ajudem a alcançar seus objetivos.

Igor Bulgarin/Shutterstock.com

▸ A disciplina serve de sustentação para a conquista de nossos objetivos.

Os pontos a seguir são importantes para manter a disciplina.

- **Foco:** capacidade de nos mantermos concentrados em uma atividade. Não devemos nos distrair com qualquer coisa. Se você quer alcançar seus objetivos, mantenha-se concentrado neles.
- **Rotina:** repetição constante de uma atividade em um mesmo padrão. Por exemplo, para se tornar um bom atleta, não se pode fazer um grande esforço em um dia e depois nunca mais treinar. O importante é treinar um pouco todos os dias. Outro exemplo: Você não terá um bom resultado nas provas se estudar somente na véspera; o correto é estudar todo dia um pouco.
- **Consciência:** capacidade de perceber, experimentar ou compreender o que está acontecendo com você ou à sua volta. É importante prestar atenção nas atividades, buscar entender aonde quer chegar e o que falta para alcançar seu objetivo. Conquistando essa consciência, você poderá desenvolver as habilidades necessárias para alcançar seus objetivos.
- **Sabedoria:** capacidade de enfrentar as dificuldades e os obstáculos e superá-los. É a habilidade de julgar o que é certo e o que é errado e tomar decisões adequadas para cada situação. É a sabedoria que nos leva a aprender com nossos erros, tornando cada vez mais fácil vencer obstáculos e desafios diários. A experiência é companheira da sabedoria: pela observação e experimentação, aprendemos a melhor forma de resolver os problemas do dia a dia.

PARA
LER E REFLETIR

Parábola: pequena narrativa que usa uma comparação ou expressão figurada para transmitir uma lição moral.

Uma parábola: o vinhedo e o tesouro

Um lavrador, que estava nos últimos momentos de vida, reuniu em torno de si os filhos e, assim, sussurrou: "Meus filhos, nada mais tenho que vos deixar além desta casa e do vinhedo que aí se estende a seu lado. Nesse vinhedo há um ponto em que se oculta um tesouro de valor inestimável. Remexam bem a terra e o encontrarão!" Assim que o pai morreu, determinados a encontrar o tesouro, os filhos começaram a trabalhar sem um momento de descanso. Ali o solo, atapetado das folhas mortas de muitos verões, era macio ao pisar, mas, no que se refere à prata e ao ouro, nada encontraram. Quando chegou a estação das frutas, o pomar que eles tinham trabalhado tanto deu tanta uva como nunca tinham visto, e o lucro foi, naquele ano, muito maior que nos outros.

mythja/Shutterstock.com

Foi, então, que os filhos compreenderam o que o pai queria dizer: a determinação é mesmo um tesouro que, bem aplicado, descobre riquezas em toda parte.

KÜNHNE, Marcio. *O futuro não é o que se teme, o futuro é o que se ousa*. Araçatuba: Eko, 2000. p. 32-33.

1. Qual é a mensagem dessa parábola e a lição que ela nos ensina?

2. O texto nos mostra uma situação que dificilmente ocorreria na realidade. Escreva abaixo um exemplo que mostre uma aplicação possível dessa mensagem em sua vida.

PARA LER E REFLETIR

Photographee.eu/Shutterstock.com

ArtFamily/Shutterstock.com

Disciplina significa conduta ordenada. Disciplina anda lado a lado com a economia, limpeza e organização. Disciplina é uma arte. Disciplina significa não se enfraquecer diante dos sentidos, dos velhos sentimentos e tendências ao pensamento negativo e crítico.

Preciso dar-me o treinamento que corrige, molda e aperfeiçoa minhas faculdades mentais e caráter moral e ainda assim não devo usar de força ou abuso. Disciplina requer ajuda da paciência, da tolerância e do poder da perseverança. Sem disciplina muito pode ser começado, mas pouco pode ser concluído. As recompensas desta virtude aparecem no futuro.

Para tornar essa virtude uma parte firme de meu caráter, fez-se necessária a realização da meta e dos benefícios de uma prática, além de forte entusiasmo para obter aquisições. Caso me falte essa virtude, posso desenvolvê-la determinando metas realistas e progressivas para mim mesmo e diariamente exercitando minha força de vontade, o músculo de meu intelecto. Relembro-me de ser consciente da alma, isto é, de perceber-me como sendo o ser consciente localizado no centro da testa, o motorista do corpo. Gentilmente treino-me para permanecer constantemente nessa consciência. Percebo quão importante é o estado de consciência da alma para o meu bem-estar no presente assim como no futuro.

COYOTE, Kiran. *As virtudes divinas*. São Paulo: Brahma Kumaris, 2014. *E-book*.

1. O autor do texto tenta explicar o que é disciplina. Em sua opinião, o que significa disciplina?

2. Uma das sugestões do autor para desenvolver a disciplina é determinar metas realistas e progressivas para si mesmo. Como você poderia aplicar esse conselho à sua vida?

MOMENTO DE **REFLEXÃO**

1. Cite duas situações em que faltou determinação para que você completasse uma tarefa. Explique o que você poderia ter feito para mudar essa realidade.

2. O que é sabedoria? Por que ela é uma importante aliada da determinação?

3. Agora, faça um exercício de incentivo à disciplina. Escolha algo que queira melhorar em você ou um objetivo a ser alcançado no próximo ano.

a) Escreva o objetivo para não se esquecer dele.

b) Escolha e registre uma forma de se lembrar desse objetivo todos os dias, por exemplo, com uma anotação em seu espelho, um lembrete no celular ou em seu diário.

c) Pense em algo que você pode fazer, ao menos uma vez por semana, para se aproximar desse objetivo. Registre abaixo.

d) Ao final de um mês, volte a esta página e reflita se você cumpriu a rotina necessária para alcançar sua meta. Registre suas conclusões.

	1ª semana	2ª semana	3ª semana	4ª semana	5ª semana
Lembrei do meu objetivo diariamente?					
O que realizei para atingir meu objetivo?					
Quanto tempo dediquei a esse objetivo?					

MOMENTO DE **ATENÇÃO PLENA**

Neste momento, pratique a determinação e a disciplina. Para isso, faça um exercício de respiração. O professor vai controlar quantos segundos você deverá passar inspirando, retendo o ar e expirando. Se em algum momento sentir necessidade, interrompa o exercício e fique com a cabeça abaixada, aguardando que os colegas terminem o exercício.

Agora, siga as instruções do professor.

COMPROMISSO DA SEMANA

Durante esta semana, meu compromisso será acompanhar diariamente o preenchimento da questão 3, item **d** da tabela do Momento de Reflexão.

MEUS **PENSAMENTOS**

Anote aqui o que mais o marcou durante as reflexões deste diálogo. É possível que tenha sido uma ideia, um desejo, um sentimento, uma descoberta, uma proposta...

Caso queira, aproveite a oportunidade e ilustre seus sentimentos.

Revivendo os diálogos

01 Vamos fazer uma atividade em grupo. Para isso, siga as orientações abaixo.

a) Forme um grupo com alguns colegas de acordo com a orientação do professor. Juntos, escolham um dos cinco diálogos trabalhados neste Primeiro Momento.

b) O grupo deverá escolher um suporte para expressar o que aprendeu com o diálogo escolhido, como cartaz, dramatização, texto ou desenho.

c) Registrem qual foi o aprendizado conquistado com essas atividades.

____

____

____

____

02 E o que significa ser bondoso consigo?

____

____

____

03 Preencha as lacunas com as palavras que completam corretamente as sentenças.

disciplina | alimentação | cuidar | vida | determinação | sono | atividades físicas | humor | autoconhecimento | sabedoria

a) O ______________ significa eu me conhecer bem e saber me ______________.

b) Ser bom envolve ser compreensivo, paciente e solidário. No entanto, para ser bondoso comigo mesmo, preciso também disciplinar meus hábitos, entre eles: a ______________, as ______________ e o ______________.

c) Essas atitudes podem me ajudar a manter o bom ______________, fundamental para uma ______________ saudável. Para mudar meus hábitos, preciso de ______________, ______________ e ______________.

04 Reflita sobre os temas trabalhados no Primeiro Momento e preencha a tabela abaixo. Depois, compartilhe suas impressões com os colegas.

	Melhorou muito	Melhorou pouco	Não melhorou	Isso melhorou porque eu...
Alimentação				
Prática de atividades físicas				
Sono restaurador				
Cuidado comigo mesmo				
Expressão e comunicação				
Responsabilidade na internet				
Disciplina				

PARA SE INSPIRAR

Editora do Brasil

Eu no espelho, de Célia Rennó e Regina Rennó. Editora do Brasil, 2010.

Sara tinha sérios problemas com a autoestima. Perseguida na escola, sofria com comentários maldosos de dois colegas encrenqueiros. Um dia, as coisas passaram dos limites e providências sérias precisam ser tomadas.

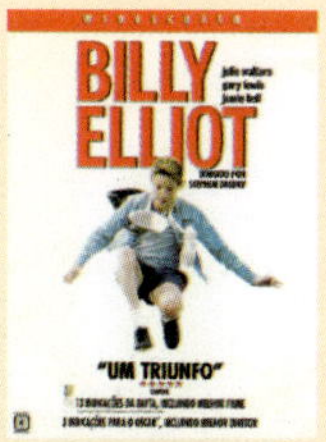

Universal Pictures

Billy Elliot, de Stephen Daldry (110 min).

Indicado para maiores de 12 anos.

O filme conta a história real de um garoto de 11 anos que ama a dança e tem a esperança de se tornar um bailarino profissional. Para isso, ele tem de enfrentar muitos obstáculos, como o pai, que não aceita sua vocação e tenta forçá-lo a ser um lutador de boxe.

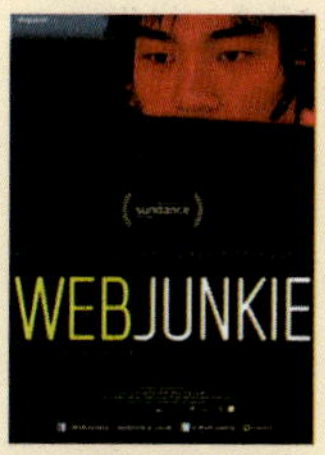

Dogwoof Pictures

Web Junkie, de Hilla Medalia e Shosh Shlam (68 min).

Esse documentário acompanha os esforços do governo chinês para combater o vício em internet, que atinge muitos adolescentes no país e se configura tanto como um mal individual quanto como um problema social.

Imagem Filmes

Supersize me – a dieta do palhaço, de Morgan Spurlock (98 min).

Experimento em que, por um mês, o diretor se alimentou apenas da comida produzida na rede *fast-food* McDonald's. O documentário mostra os resultados diários que vivenciou por conta da alimentação, enquanto avalia a empresa e seus métodos de persuasão.

AlexanderFord/iStockphoto.com

Segundo Momento

Valores essenciais para cuidar do outro

O ser humano é social por natureza. Isso quer dizer que depende dos outros no dia a dia, sente necessidade de conviver, compartilhar emoções e experiências. A convivência nos ajuda a desenvolver a mente, as habilidades sociais e contribui para que nos tornemos pessoas melhores.

O outro pode nos ajudar a vencer obstáculos e desafios do cotidiano. Por isso, precisamos aprender a cuidar dele. Qual é a importância da tolerância em nossa sociedade? Qual é o papel que a escola desempenha no aprimoramento do convívio?

hedgehog94/Shutterstock.com

DIÁLOGO 06

Aprender a compartilhar

O conhecimento sempre pode ser compartilhado, desde que haja vontade de exercer a generosidade.

Nenhuma pessoa é uma ilha

Aristóteles, um importante filósofo grego, afirmou que o ser humano é um animal social. Com isso, ele quis dizer que, para sobreviver, nós precisamos das pessoas ao nosso redor. Se pensarmos bem, foi assim desde o princípio. O ser humano é mais lento e mais fraco do que a maioria dos animais que caça. Apesar disso, agindo em grupo, foi capaz de partilhar conhecimentos, elaborar táticas e sobreviver.

Atualmente esse compartilhamento chegou a um grau muito alto. A comunidade científica, por exemplo, faz questão de compartilhar os resultados de suas pesquisas, pois sabe que, conforme as diversas nações trocam conhecimento, mais rápido a humanidade avança, aperfeiçoando a medicina, os medicamentos, a segurança das construções, o entendimento da psicologia humana etc.

Por essa razão, dizemos que nenhuma pessoa é uma ilha: a ilha traz a ideia de isolamento, de viver sozinho. Ninguém seria capaz de viver bem nessas condições. Somos um arquipélago ou continente, dependendo daqueles que vivem ao nosso redor para existirmos e prosperarmos.

Pavle Bugarski/iStockphoto.com

Para que o pão chegue até nossa mesa, precisamos de muitas pessoas, entre elas os agricultores que plantam e colhem o trigo.

Dependemos uns dos outros

Uma breve reflexão sobre o nosso dia mostrará que nós dependemos uns dos outros. Por exemplo, para comermos um pãozinho no café da manhã, quanto trabalho foi necessário! Pessoas plantaram, colheram, transportaram e transformaram todas as matérias-primas até que pudéssemos comê-lo! É claro que, nesse caso, provavelmente todos receberam algo em troca: o pagamento pelo serviço prestado. Essa troca é também uma forma importante de compartilhamento. Mas devemos sempre nos lembrar daqueles que não têm nada a oferecer em troca de nossos serviços.

Muitas pessoas não têm dinheiro, mas nem por isso devemos deixar de ajudá-las quando podemos. Elas fazem parte da grande comunidade humana, e qualquer ajuda é boa para todos. Por exemplo, doar material escolar para uma criança pode ajudá-la a se desenvolver e ter oportunidade de, no futuro, exercer uma profissão e se sustentar.

Podemos partilhar não só aquilo que temos de sobra mas também o que temos de melhor e que realmente pode fazer a diferença na vida do outro. Assim, além de objetos, podemos partilhar nosso tempo e afeto.

Ao nosso redor, existem muitas pessoas que precisam ser ouvidas. Reservar um tempo para escutar o outro e acolhê-lo é um momento de troca muito importante.

Aprenda a compartilhar o que aconteceu em seu dia, suas experiências e seus valores; é essencial que sejamos generosos e gratos com o outro, que, muitas vezes, também divide conosco seu tempo, medos, angústias, alegrias, tristezas, amor e sua vida.

Quando compartilhamos, enriquecemos como seres humanos!

Gregário: que vive em bando; tende a viver em sociedade.

Inato: que nasce com a pessoa; natural.

PENSE NISSO

O homem é **gregário** por natureza. Ele necessita relacionar-se com outras pessoas e tem necessidade **inata** de companhia. Alegria compartilhada é dupla alegria; dor compartilhada é meia dor.

KÜHNE, Marcio. *O futuro não é o que se teme, o futuro é o que se ousa*. Blumenau: Eko, 2001.

Monkey Business Images/Shutterstock.com

Compartilhar tempo e dar atenção ao outro proporcionam aprendizado e solidificação dos laços de amizade e carinho.

PARA **LER E REFLETIR**

A seguinte parábola nos ajuda a refletir sobre a importância de compartilhar a vida.

Hu-Song, filósofo oriental, contou a seus discípulos:

Por engano, certa vez, vários homens ficaram presos numa caverna escura e não podiam ver quase nada. Depois de algum tempo, um deles conseguiu acender uma pequena tocha. Contudo, a luz proporcionada pela tocha era tão pouca que, ainda assim, não se podia ver quase nada. Foi então que o homem teve a ideia de que com sua luz podia ajudar os outros a acender suas próprias tochas. E, assim, compartilhando a chama uns com os outros, a caverna escura se iluminou.

Um dos discípulos perguntou a Hu-Song: Mestre, o que nos ensina este relato?

Hu-Song respondeu: Ensina-nos que nossa luz continuará sendo escura se não a compartilharmos com o próximo. Ensina, também, que, ao compartilharmos, nossa luz não diminui; ao contrário, isso faz com que ela cresça.

HASHUEL, Patricia. *Conversando con un coach*. Buenos Aires: Distal, 2009. p. 28. (Tradução dos autores).

1. Associe essa parábola com sua vida. Pense em situações de partilha que ocorrem em casa, com a família, e na escola, com os colegas. Agora, responda às questões a seguir.

a) Qual é a importância da partilha na família? O que podemos compartilhar com as pessoas de nossa família?

b) Qual é a importância da partilha na escola? O que podemos compartilhar nesse espaço?

AMPLIANDO O CONHECIMENTO

Cultura e religião

ChameleonsEye/Shutterstock.com

Quando compartilhamos o que temos, ajudamos ao próximo e cumprimos uma função social, a solidariedade.

A Torá é o livro sagrado do judaísmo. Leia a seguir o que ela diz sobre a generosidade.

> Se houver um carente entre seus irmãos, numa de suas cidades, na terra que **D'us** deu a vocês, não endureçam seus corações nem fechem a mão a seu irmão carente. Vocês definitivamente devem abrir suas mãos e lhe emprestar o suficiente para o que lhe faltar.
>
> DEVARIM 15:7,8. *In*: TORÁ.

O budismo nos diz que nunca foi desejo de Buda converter ninguém para sua crença, mas ensinar a todos as importantes lições que envolvem o cultivo do bem, da generosidade, da compaixão. Leia abaixo um trecho do texto de Bhante Yogavacara Rahula sobre a generosidade.

Antídoto: substância utilizada para neutralizar um veneno.

D'us: na religião judaica, evita-se escrever "Deus", o que seria considerado usar o nome dele em vão. Por isso o emprego da expressão "D'us".

> A prática da generosidade pode ser de grande ajuda, pois ela é um **antídoto** contra a mesquinharia. Além disso, o ato de compartilhar as nossas posses com os outros, ou o abandono do nosso egoísmo, ajuda a abrir as nossas mentes para o amor, a bondade e a compaixão. E estes são um antídoto contra o apego e o desejo.
>
> RAHULA, Bhante Yogavacara. *Generosidade*: praticando o *Dhamma* no dia a dia. *In*: ACESSO AO INSIGHT. [*S. l.*], [2001]. Disponível em: www.acessoaoinsight.net/arquivo_textos_theravada/generosidade.php. Acesso em: 13 set. 2019.

Minmin Zhao/Dreamstime.com

A comunidade budista tem consciência da necessidade de se comprometer no ativismo social. Trata-se de um processo que cresce por meio do desenvolvimento de relacionamentos com pessoas que também estão socialmente envolvidas.

MOMENTO DE **REFLEXÃO**

1. Comente como você tem praticado a partilha nas situações a seguir.

a) Em sua casa, com a família.

b) Com seus amigos.

2. Hoje, há muitos meios para nos comunicarmos. Ainda assim, muitas pessoas se sentem sozinhas. O que podemos fazer para reduzir esse sentimento de solidão nas relações a seguir?

a) Familiar.

b) Escolar.

3. Pense em algo que você consumiu ou adquiriu recentemente e registre-o no primeiro diagrama abaixo. Depois, preencha os demais quadros com as profissões das pessoas que contribuíram para que você pudesse usufruir desse produto.

1. Produto adquirido/consumido:	2. Origem do produto:	3. Responsável pelo transporte:
4. Responsável pela fabricação:	5. Responsável pela embalagem:	6. Importância do produto para mim:

DINÂMICA DE **GRUPO**

Você receberá de seu professor um papel. Nele, faça um desenho e escreva uma mensagem que gostaria de receber de um amigo. Quando terminar, siga as orientações do professor.

COMPROMISSO DA SEMANA

Nesta semana vou participar das aulas com atenção e cooperar para que a turma toda aproveite o máximo das aulas. Para isso, vou partilhar mensagens positivas, divertidas e inteligentes.

MEUS **PENSAMENTOS**

Anote aqui o que mais marcou você durante as reflexões desse diálogo. É possível que tenha sido uma ideia, um desejo, um sentimento, uma descoberta, uma proposta...

Caso queira, aproveite a oportunidade e ilustre seus sentimentos.

DIÁLOGO 07

Ser amigo e ser colega

Marcelo Gil/iStockphoto.com

Amigos são importantes em todas as fases da vida.

Como é bom ter um amigo!

Durante a vida conquistamos diferentes tipos de amigos: aqueles que conhecemos quando crianças, os amigos da família e os amigos da escola, com quem você se relaciona diariamente.

É muito saudável aumentar o círculo de amizade e conviver com pessoas de fora de nosso grupo familiar. Isso nos ajuda a desenvolver novas habilidades e autonomia e possibilita que nos diferenciemos emocionalmente de nossos familiares.

Um bom círculo de amizades dentro ou fora da escola nos auxilia a melhorar nossa capacidade de nos importar com o outro e a ser tolerantes, tornando a vida mais feliz e solidária.

O que é ter um colega e o que é ter um amigo?

É muito importante entender que nem todo colega é amigo. O colega é um companheiro que partilha a sala de aula ou o trabalho. O amigo é aquele em quem você confia e partilha seu dia a dia, alegrias, tristezas e intimidade.

O QUE FAZ A **DIFERENÇA**

Pressmaster/Shutterstock.com

▸ A amizade é um vínculo de intimidade, reciprocidade, compreensão e confiança.

Amizade é compartilhar experiências com pessoas com as quais temos afinidades, nos sentimos à vontade, e que contribuem para nosso crescimento pessoal e nossa felicidade.

Cultivar uma amizade exige dedicação, lealdade e compromisso. É preciso criar uma relação de troca, de comunicação, de enriquecimento mútuo, fundamentada em sinceridade, honestidade, empatia, respeito e flexibilidade.

Veja algumas dicas para manter e fortalecer uma amizade.

Angela Hampton/ Alamy/ Fotoarena

▸ Alguns amigos se consideram melhores amigos, pois se percebem como irmãos.

- Conheça bem o amigo: saiba sua história, como ele ocupa seu dia, quais são os sonhos dele para o futuro.
- Compreenda o que a vida significa para seu amigo, seus medos e gostos, suas crenças, qualidades e limitações.
- Comunique-se bem com seu amigo e seja leal a ele, para evitar, ou resolver, pequenos mal-entendidos.
- Aja com sinceridade. Dizer a verdade é uma arte que deve ser sempre cultivada nos relacionamentos, sobretudo em uma amizade.
- Tenha empatia, coloque-se no lugar do outro para entender os sentimentos e as razões dele.
- Saiba ouvir e falar na hora adequada.
- Respeite o tempo e a personalidade do amigo, inclusive o silêncio dele.

PARA LER E REFLETIR

Laerte Silvino

Valor do perdão

Uma antiga lenda árabe conta que dois amigos resolveram viajar para uma cidade distante. Para chegar àquela cidade, deveriam atravessar o deserto, o que é sempre uma tarefa árdua e perigosa. Essa empreitada exige muito companheirismo e colaboração.

Em certo ponto da viagem, os dois discutiram. O mais velho deles falou alto, xingou o amigo e bateu nele, querendo ter razão. O que sofreu a agressão saiu em silêncio e escreveu na areia:

"Hoje, meu melhor amigo bateu em meu rosto".

Apesar da discussão, seguiram viagem e chegaram a um oásis, onde resolveram tomar banho. O amigo que havia sido ofendido perdeu o equilíbrio, caiu na água e começou a afundar. O outro imediatamente pulou na água e o salvou.

Ao recuperar-se, o homem que por pouco quase perde a vida pegou uma faca e escreveu numa pedra:

"Hoje, meu melhor amigo salvou minha vida".

Intrigado, o mais velho perguntou:

– Por que, depois que lhe bati, você escreveu na areia e agora escreveu na pedra?

Sorrindo, ele respondeu:

– Quando um grande amigo nos ofende, devemos escrever na areia para que o vento do esquecimento e a chuva do perdão apaguem as marcas; mas quando ele nos faz algo maravilhoso, devemos gravar na pedra, onde nada pode apagar.

[...]

ZANON, Darlei. *Parábolas de virtude*. São Paulo: Paulus, 2008. p. 7-8.

1. Com base na leitura do texto, explique o que é ser um bom amigo.

2. O perdão é fundamental para manter uma amizade. Por quê?

MOMENTO DE **REFLEXÃO**

1. Para você, os amigos são importantes?

2. Qual é a diferença entre ter um amigo e ter um colega?

3. Escolha uma destas frases e represente-a com um desenho.

a) A amizade é como um tesouro, precisa ser bem guardada.

b) A escola é um lugar especial para construir boas e eternas amizades.

c) A amizade entre irmãos é um bem precioso.

d) Nos momentos de alegria, vibre. Torne-os inesquecíveis, eternos.

A amizade no cotidiano

A amizade estabelece um **vínculo** afetivo **sublime** entre as pessoas, de modo que elas aprendem e crescem juntas.

Sublime: grandioso; magnífico; esplêndido.

Vínculo: o que une duas ou mais pessoas.

Andriy Petrenko/ Dreamstime.com

Durante a adolescência, o grupo de amigos se torna a família que escolhemos. É ao lado deles que se inicia o processo de construção da identidade.

A escola é um lugar especial para iniciar e manter amizades. As salas de aula estão cheias de pessoas interessantes, então é certo que, em algum momento, você encontrará alguém com quem se dará bem. O próprio ambiente escolar facilita a amizade, porque você sempre tem assuntos interessantes para conversar com os colegas e coisas divertidas para fazer com eles.

À medida que os anos passam, muitas dessas amizades vão se tornar essenciais em sua vida – algumas delas se tornam insubstituíveis.

Quando perdemos o convívio com alguém, podemos deixar lentamente os laços de amizade se desfazerem. Mas não é necessário que isso ocorra. Para manter viva uma grande amizade, mesmo distante, é preciso dedicar atenção a ela; redobrar os esforços para permanecer presente na mente do amigo; mostrar sempre a essa pessoa que ela é importante. Nos dias de hoje, isso é muito fácil!

São muitas as ocasiões para ficarmos com os amigos: ir ao cinema, participar de um jogo de futebol ou de jogos de computador, ir a um encontro rápido... Muitas vezes um simples telefonema revive uma boa amizade!

O mais importante é manter contato. Não deixe de marcar presença na vida de seus amigos. Eles precisam saber que podem contar com você. Se fizer isso, os laços de amizade jamais vão se enfraquecer – pelo contrário, serão fortalecidos, alimentados pela atenção, pelo cuidado, pela saudade e pelo desejo de se encontrarem!

Uma amizade verdadeira não pode ser deixada de lado, é preciso cultivá-la como se cultiva uma flor.

PENSE NISSO

Como vimos, o perdão é essencial para a amizade. Ele é um processo emocional e espiritual incentivado em várias religiões. No cristianismo, temos um exemplo disso no livro de Mateus:

> Então Pedro aproximou-se de Jesus e perguntou: "Senhor, quantas vezes deverei perdoar a meu irmão quando ele pecar contra mim? Até sete vezes?".
>
> Jesus respondeu: "Eu digo a você: Não até sete, mas até setenta vezes sete".

MATEUS 18:21-22. *In*: BÍBLIA. Nova versão internacional. Disponível em: https://www.bible.com/pt/bible/129/MAT.18.21-22. Acesso em: 16 set. 2019.

O QUE FAZ A **DIFERENÇA**

Sunshine Seeds/iStockphoto.com

▶ A amizade nos faz solidários com os nossos vizinhos e comunidade próxima.

A amizade é muito valorizada nos textos religiosos. Observe:

> O óleo e o perfume alegram o coração; assim é o doce conselho do homem para o seu amigo. Não abandones o teu amigo, nem o amigo de teu pai; nem entres na casa de teu irmão no dia de tua adversidade. Mais vale um vizinho que está perto do que um irmão que está longe.
>
> PROVÉRBIOS 27:9-10. *In*: BÍBLIA. Tradução Almeida atualizada. Disponível em: https://www.biblestudytools.com/aa/proverbios/27.html. Acesso em: 16 set. 2019.

Mas não é apenas a religião cristã que valoriza a amizade. Nas tradições islâmicas encontramos alguns valiosos conselhos sobre a amizade.

- **Aconselhar e aceitar o conselho:** um amigo é aquele que pede o conselho de seu irmão. Um verdadeiro amigo é aquele que aconselha o seu companheiro.
- **Aceitar as desculpas:** a verdadeira amizade está baseada no perdão, na compreensão e nas desculpas. Se um irmão agiu errado com você, aceite suas desculpas; e se você errar em relação a seu amigo, peça desculpas a ele.
- **Confiança mútua:** a confiança no amigo é um dos pilares da amizade. O Imam Assadeq (A.S.) disse: "O amigo é assim chamado porque ele acredita em você".
- **Humildade:** a humildade entre amigos é digna de louvor, e os amigos devem se respeitar e serem humildes um com o outro.

A VERDADEIRA amizade (Série amizade parte 2). *Arresala*, São Paulo, 15 fev. 2019. Disponível em: https://arresala.org.br/biblioteca/a-verdadeira-amizade-serie-amizade-parte-2. Acesso em: 13 set. 2019.

O judaísmo também valoriza a amizade, veja a seguir.

> A Torá dá ao termo **amigo** grande importância, segundo a obra *Sabedoria*, de Ben Sira: "Um amigo fiel não tem preço; seu valor está além do que o dinheiro pode comprar"; "Um amigo fiel é um abrigo seguro; aquele que o encontrar, terá encontrado um tesouro".
>
> O amigo é uma mão estendida na hora certa. Ao definir os graus de profundidade de relacionamentos, a Torá diz: "Seu amigo, aquele que é como se fosse sua própria alma" (Deuteronômio 13:7).
>
> AMIZADE. *Morashá*, São Paulo, 29 jun. 2000. Disponível em: http://www.morasha.com.br/sabedoria-judaica/amizade.html. Acesso: 13. set. 2019.

E, de acordo com sua crença, como a amizade é considerada?

MOMENTO DE **REFLEXÃO**

1. Escolha no quadro de palavras os termos ideais para completar as frases a seguir.

a) Amigo é aquele que me faz ______________ em momentos difíceis.

b) Amigo é uma pessoa que está pronta para me ajudar quando ______________.

c) Amigo é aquele que ______________ comigo o que tem de melhor.

d) Amigo é a pessoa que ______________ minhas opiniões e meu jeito de ser.

e) Amigo é quem se dispõe a ______________ meus erros.

necessito · respeita · perdoar · compartilha · companhia

2. Complete o diagrama de palavras com os termos relacionados à amizade. Para isso, siga as dicas.

1. O mesmo que divisão, doação.
2. É um dever de todos para com todos.
3. Capacidade de respeitar as diferenças.
4. Ato de dar algo que é nosso.
5. Capacidade sentir a dor do outro e se compadecer.
6. Capacidade de agradecer pelas coisas boas que recebemos.

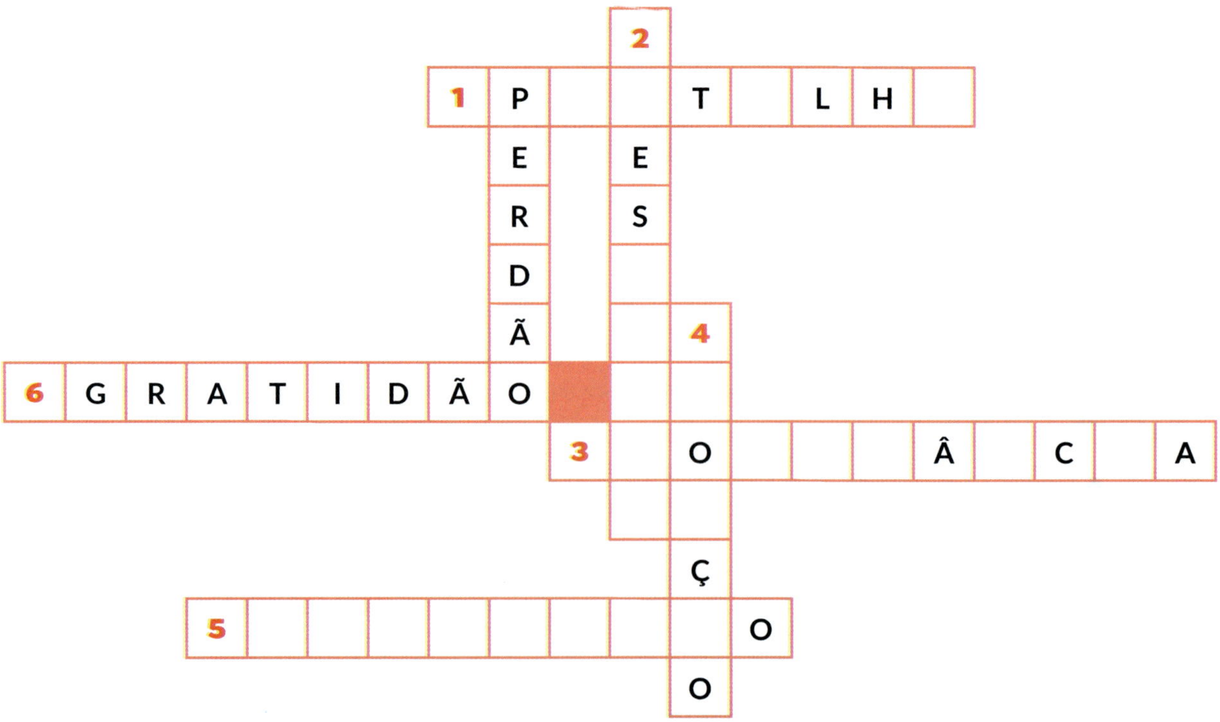

PENSE NISSO

[...]

Mesmo irmãos ou grandes amigos podem se desentender algum dia. Isso não é problema, são coisas que acontecem.

A questão fundamental é como lidamos com essa briga. Devemos fazer dela um instrumento para o nosso crescimento e para aumentar ainda mais a nossa amizade. Escrever na areia as coisas ruins da nossa vida é estar com o coração aberto ao perdão e à superação. Significa que, quando algo ruim acontecer, saberemos lidar com a situação. Perdoe sempre e tenha calma nas situações difíceis. Nos momentos de alegria, ao contrário, vibre. Torne-os inesquecíveis, eternos.

ZANON, Darlei. *Parábolas de virtude*. São Paulo: Paulus, 2008. p. 8.

COMPROMISSO DA SEMANA

Nesta semana, meu compromisso é ser um amigo e colega leal. Serei atencioso com todos, principalmente com aqueles que estão sempre mais calados e distantes.

MEUS PENSAMENTOS

Anote aqui o que mais marcou você durante as reflexões desse diálogo. É possível que tenha sido uma ideia, um desejo, um sentimento, uma descoberta, uma proposta...

Caso queira, aproveite a oportunidade e faça uma ilustração que represente o que você escreveu.

DIÁLOGO 08

União família e escola

Africa Studio/Shutterstock.com

A família e a escola são a base para nossa formação como cidadãos. Por isso, é importante que elas sejam parceiras e que a família participe da vida escolar do jovem, influenciando seu desenvolvimento como estudante e indivíduo.

Jeitos de ser família

Dragon Images/Shutterstock.com

O amor nos faz mais atenciosos com nossos familiares.

Para algumas pessoas, a família é composta somente de pai, mãe e irmãos. Para outras, a família inclui tios, primos e avós. Há ainda quem considere como parte da família amigos próximos, que sempre frequentam a casa, empregados que trabalham lá há muitos anos e outras pessoas queridas.

Quem é sua família? Quais são as pessoas da família com quem você mais se identifica?

A importância da comunidade familiar

A família nos acompanha ao longo de nossa formação e nos ajuda a crescer como pessoa. Por meio dela, desenvolvemos nossa identidade.

O primeiro grupo humano com o qual aprendemos a conviver é o familiar. É presenciando o exemplo dos familiares que compreendemos quais são os valores, as crenças e as referências das pessoas mais próximas de nós. Questione-se: Como a religião, a opinião política e os valores de seus pais, irmãos ou de outras pessoas que moram com você e frequentam sua casa influenciam seu jeito de ser?

A importância da comunidade escolar

monkeybusinessimages/iStockphoto.com

▸ Na escola aprendemos conteúdos importantes para o desenvolvimento intelectual, mas aprendemos também a conviver e compartilhar aprendizados.

Quando, ainda crianças, vamos para a escola, ampliamos essa convivência e passamos a interagir com colegas, professores e outros funcionários do colégio.

As habilidades que ali aprendemos nos auxiliam a conviver em harmonia e nos preparam para viver em comunidade. Quando estudamos Religião, Matemática, Português ou História, somos inseridos no mundo da cultura. Assim, descobrimos tudo aquilo que a humanidade construiu nos últimos milênios. Por exemplo, quando adquirimos conhecimentos sobre as pirâmides do Egito, estamos descobrindo um assunto que é tema de conversas, filmes e reflexões para uma comunidade global! Dessa forma, tanto você quanto um estudante no Japão agora sabem algo em comum! Além do conteúdo formal, na escola você também aprende a se relacionar com pessoas que têm valores diferentes dos de sua família: descobre que há indivíduos com religiões, convicções e atitudes diferentes das suas. Nessa mistura de tanta gente diferente, você aprende as regras da sociedade para conviver em harmonia!

BRIAN MITCHELL/Corbis /Getty Images

▸ A amizade nos torna solidários e empenhados em compreender o outro.

Digital Vision/Getty Images

▸ É importante incentivar a participação de seus responsáveis na escola. Eles querem apenas o melhor para você, e é muito bom poder contar com a orientação deles.

A parceria família-escola

É na família e na escola que aprendemos as primeiras e mais importantes lições. São elas:

- respeitar as diferenças entre as pessoas;
- ouvir e falar na hora adequada;
- cuidar dos objetos comuns a todos;
- respeitar o espaço do outro;
- ser solidário, ajudando os outros em momentos difíceis;
- colaborar para manter a ordem, a paz e a harmonia no dia a dia.

Para esse aprendizado ocorrer, é muito importante que a família e a escola caminhem juntas. Quando a família seleciona uma escola, ela escolhe também uma equipe de funcionários em quem confia. Assim, quando você passa a frequentar uma escola, convive com pessoas que seus responsáveis escolheram para complementar sua educação.

Você já pensou nisso? Algumas vezes, passamos mais tempo convivendo com os colegas de sala, professores e funcionários da escola do que com nossa família. É necessário muita confiança entre todos para que isso possa dar certo, não é mesmo?

Jean Galvão

MOMENTO de PROSA

01 Você incentiva seus pais ou responsáveis a participar de sua vida escolar? Por exemplo, você leva os comunicados escolares para eles, mostra suas avaliações e seus deveres de casa?

02 Pense no convívio com sua família. Quais são os principais valores que ela procura lhe ensinar?

03 Agora pense no convívio com professores e outros funcionários da escola. Como será que eles avaliam seu comportamento e seu aprendizado no dia a dia?

MOMENTO DE **REFLEXÃO**

1. A seguir estão listados alguns valores essenciais da família. Escreva o que eles significam para você.

a) Respeito: ______________________________

____

b) Diálogo: ______________________________

____

c) Colaboração: ______________________________

____

2. Cite três atitudes que você pode tomar para melhorar seu desenvolvimento na escola.

a) ______________________________

b) ______________________________

c) ______________________________

3. Observe o desenho abaixo e pinte as características que correspondem às suas atitudes no ambiente escolar e no ambiente familiar.
Para representar seu comportamento na escola, use a cor azul; para seu comportamento em casa, use a cor verde; para um comportamento comum aos dois ambientes, pinte de laranja.

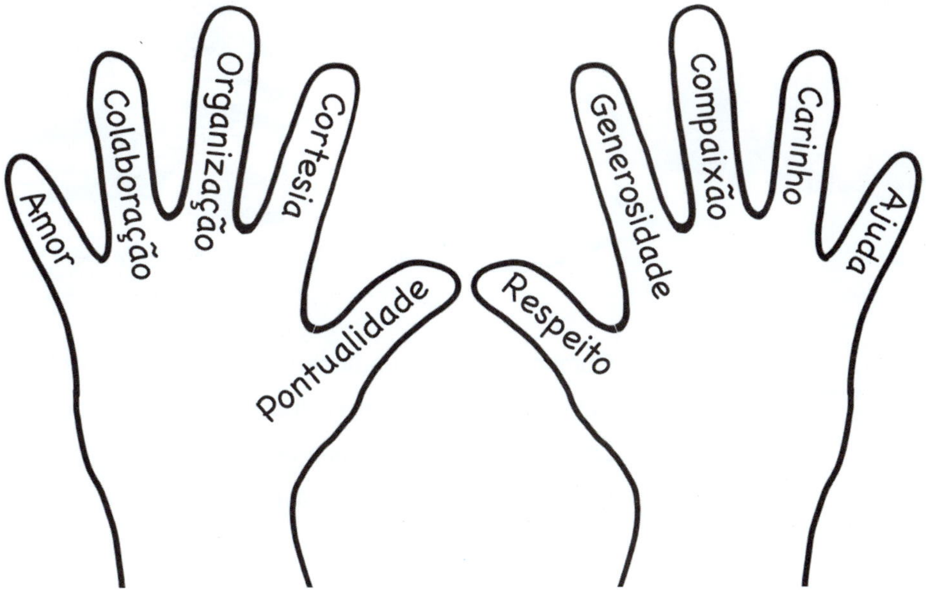

Laerte Silvino

O QUE FAZ A **DIFERENÇA**

kali9/iStockphoto.com

É importante contar com os professores, eles participam de forma ativa em sua formação pessoal e intelectual.

Seu desempenho escolar depende de três pilares: sua dedicação, a qualidade da equipe de sua escola e o apoio de sua família. Por isso, é importante que você compartilhe com seus responsáveis suas experiências na escola: comente o que está aprendendo, o que gosta ou não no colégio, a relação com os professores. Não tenha vergonha ou receio de conversar com seus pais sobre seu rendimento na escola, seus professores ou outras situações da vida escolar. Isso vai ajudá-lo a encontrar soluções para as dificuldades de aprendizado ou convívio.

Veja a seguir algumas dicas que fazem toda a diferença para que você aproveite ao máximo sua experiência na escola.

monkeybusinessimages/iStockphoto.com

O empenho pessoal do aluno e o incentivo da família são fatores essenciais para o progresso no aprendizado escolar.

MachineHeadz/iStockphoto.com

Seu grupo de amigos pode ser também seu grupo de estudos, assim vocês terão a oportunidade de ajudar uns aos outros e aprender novos conteúdos e habilidades de forma divertida.

- Comporte-se adequadamente no ambiente escolar.
- Valorize e incentive a participação de seus responsáveis em sua vida escolar.
- Leve em consideração as orientações de seus pais sobre a organização nos estudos.
- Estabeleça um tempo razoável de estudo em casa para rever e fixar os conteúdos.
- Conscientize-se de que seu esforço na escola hoje pode contribuir para suas conquistas futuras, tanto profissionais como pessoais.

DINÂMICA DE **GRUPO**

1. Vamos fazer uma atividade em conjunto. Para isso, siga as instruções a seguir.

a) Em dois pedaços de papel, anote dois valores que você aprendeu com sua família e, depois, assine seu nome.

b) Em outros dois pedaços, anote duas lições importantes que você aprendeu na escola e, depois, assine seu nome.

c) Quando todos terminarem, dobre os papéis e passe-os para o colega que está sentado à sua esquerda.

d) Quando receber os papéis do colega à sua direita, avalie cada anotação e decida se o valor escrito por ele é importante para você. Guarde somente os valores que considerar significativos e passe os demais para o colega da esquerda.

e) Quando estiver satisfeito com os quatros papéis que estão em suas mãos, fique com eles e não passe mais adiante. Mas atenção! Você não pode ficar com mais de quatro papéis nem com uma ficha que você mesmo tenha feito.

f) A dinâmica termina após a terceira rodada dos papéis. No final da atividade, se você não se identificar com o valor registrado em algum papel que ficou com você, explique por que isso acontece.

g) Cada um de vocês lerá os valores que escolheu e explicará os motivos da identificação.

COMPROMISSO DA SEMANA

Nesta semana eu me comprometo a partilhar com minha família afeto e cuidado. Vou ajudar nas tarefas diárias, ser gentil e mostrar com gestos e palavras o quanto todos são importantes para mim.

MEUS **PENSAMENTOS**

Anote aqui o que mais marcou você durante a reflexão desse diálogo. É possível que tenha sido uma ideia, um desejo, um sentimento, uma descoberta, uma proposta...

Caso queira, aproveite a oportunidade e ilustre seus sentimentos.

DIÁLOGO 09

Conviver com as diferenças

Jim West/Imagebroker/Glow Images

▶ Quando convivemos com pessoas que tenham gostos e personalidades diferentes de nós, crescemos em aprendizado e nos tornamos mais tolerantes.

O respeito às diferenças

Dignidade: qualidade de uma pessoa digna, honestidade, honra.

Etnia: pertencente a um povo ou cultura.

Na sociedade atual, há dois valores muito importantes: a busca por igualdade e o respeito às diferenças. Precisamos nos conscientizar e nos empenhar na busca de uma sociedade mais humana, mais justa e menos preconceituosa.

Quando falamos em busca pela igualdade, significa que pensamos no cuidado com o outro. Sabemos que nem todos tiveram as mesmas oportunidades que nós e, por isso, devemos lutar para que cada um possa viver com **dignidade**.

A busca pela igualdade de direitos nos leva à busca pela justiça. A igualdade social propõe que todos tenham acesso à educação, à saúde, à informação e à cultura, ou seja, que a todos sejam oferecidas oportunidades iguais em relação ao que é essencial para ter dignidade e qualidade de vida. Essa visão humanitária rejeita o preconceito, as diferenças no tratamento e a exclusão de pessoas devido à origem familiar, situação econômica, **etnia** ou gênero.

Em outras palavras, respeitar as diferenças significa ser tolerante tanto em relação às diferenças que não foram escolhidas pela pessoa, como cor de pele, situação social e forma física, quanto às escolhas que fazem e que são diferentes das nossas: religião, opinião política e orientação sexual.

Cada um tem seu jeito de ser e de viver

Para vivermos em harmonia e cultivarmos a paz, precisamos aprender a conviver com o "outro". Muitas vezes essa outra pessoa não pensa como eu, não se veste de forma semelhante à minha, não fala o mesmo idioma, não tem a mesma cor de pele e não pratica a mesma religião que eu.

Tolerância: aceitação e respeito ao direito das pessoas de agir, pensar e sentir de modo diferente do nosso.

E isso é incrível! Todos somos diferentes uns dos outros! Até irmãos gêmeos têm suas diferenças! Um cotidiano de paz é feito com atitudes respeitosas, compaixão e **tolerância**.

Nikada/iStockphoto.com

▸ Atitudes tolerantes melhoram o ambiente familiar, escolar e a comunidade em geral. Contribuímos para o bem-estar geral quando conseguimos tolerar e ser tolerados de forma respeitosa.

Conviver com as diferenças

A dificuldade de lidar com as diferenças tem a ver com a nossa fragilidade e resistência em aceitar o outro como ele é. Muitas vezes, projetamos nele nossos valores e expectativas antes de conhecê-lo intimamente. Assim, imaginamos que todos devem estar de acordo com nossas opiniões, nosso modo de pensar, de agir e de ser. Esse tipo de comportamento pode nos levar a decepções. Para evitar essa situação, precisamos exercitar a compreensão, a compaixão e a tolerância nos relacionamentos. Essas habilidades são expressas pela capacidade de escutar, acolher, respeitar e cuidar do outro.

A convivência exige que cada um de nós tenha consciência de que as pessoas são únicas e têm perspectivas, sonhos e desejos diferentes dos nossos, e que o valor de cada um está em seu caráter, personalidade, sentimentos, lágrimas, sorrisos, sonhos, erros e acertos!

Conviver! Viver juntos! Essa é a grande lição, o grande desafio!

AMPLIANDO O CONHECIMENTO

Convivência

Cada um tem um jeito que é só seu.
Eu tenho um jeito que é só meu.
Tenho o direito de ser respeitado,
de ter meu jeito, de ser como sou,
direito de ocupar meu espaço,
de ter meu caminho, saber aonde vou.
Tenho o direito de amar a vida
e contribuir para que ela seja protegida.

Compreender e assumir a lei da diversidade:
Essa é a lei do respeito, é a lei da convivência.
Lei para ser praticada com consciência.
Não tenho o direito de ser mau-caráter,
muito menos de ser mau.
Mas tenho todo o direito de ser respeitado
E de receber amor incondicional!

Texto escrito especialmente para esta obra.

Laerte Silvino

1. Assinale as situações abaixo que representam as consequências da intolerância.

a) ( ) brigas e discórdias

b) ( ) cultivo da paz entre os povos

c) ( ) prazer de viver

d) ( ) violência

e) ( ) união e harmonia entre as pessoas

f) ( ) distanciamento de amigos e familiares

g) ( ) sentimentos de proteção e segurança

h) ( ) conflitos e guerras

2. Você já sofreu intolerância ou presenciou uma atitude intolerante com alguém que você conhece? Em caso afirmativo, descreva o que sentiu.

3. Reflita sobre como você convive com as pessoas e escreva três características suas que demonstram uma postura de tolerância.

PARA LER E REFLETIR

Laerte Silvino

Coragem de ser diferente

Um carpinteiro e seus auxiliares viajavam em busca de madeira para construções. Viram uma árvore gigantesca: cinco homens de mãos dadas não conseguiam abraçá-la, e seu topo era tão alto que quase tocava as nuvens.

– Não vamos perder nosso tempo com esta árvore – disse o mestre carpinteiro. – Para cortá-la, demoraremos muito. Se quisermos fazer um barco, ele afundará, de tão pesado que é o seu tronco. Se resolvermos usá-la para a estrutura de um teto, as paredes terão de ser exageradamente resistentes.

O grupo seguiu adiante. Um dos aprendizes comentou:

– Uma árvore tão grande, e não serve para nada...

– Você está enganado – disse o mestre carpinteiro. – Ela seguiu seu destino à sua maneira. Se fosse igual às outras, nós a teríamos cortado; mas porque teve coragem de ser diferente, permanecerá viva e forte por muito tempo.

BARROS, José Lino Souza. Coragem de ser diferente. *Itatiaia*, Belo Horizonte, 6 maio 2010. Disponível em: www.itatiaia.com.br/blog/jose-lino-souza-barros/coragem-de-ser-diferente. Acesso em: 5 mar. 2020.

1. Analise a atitude do aprendiz e a resposta do mestre carpinteiro. Registre os principais pontos de sua reflexão.

2. No texto de abertura deste diálogo, na página 68, há uma imagem com uma importante mensagem. Após a leitura dessa fábula, observe a imagem novamente e registre os sentimentos que ela desperta em você.

MOMENTO DE **REFLEXÃO**

1. Assinale a alternativa que descreve a ideia de respeito às diferenças.

a) (   ) Quando estou no transporte público e muito cansado, posso me sentar em qualquer lugar, pois as outras pessoas, até mesmo idosos e gestantes, devem respeitar meu cansaço.

b) (   ) Posso escutar música no volume que quiser, na hora que quiser, pois todos devem respeitar meu direito de me divertir.

c) (   ) Quando alguém discorda de minha opinião sobre um assunto ou sobre minha crença, preciso aceitar esse fato sem me irritar, pois cada um tem sua opinião e suas escolhas.

d) (   ) Se alguém não gosta de meu sotaque, devo mudá-lo, pois incomodo quem está a meu lado.

2. Diante de uma situação de desrespeito às diferenças, qual é seu papel como cidadão?

3. Explique como deve ocorrer o convívio entre as pessoas nas situações a seguir.

a) Nos estádios de futebol.

b) No trânsito.

MOMENTO DE **ATENÇÃO PLENA**

a) Você foi positivo ou negativo para descrever suas expressões? Explique.

b) Você se comparou com alguém para descrever suas feições? Em caso afirmativo, com quem?

c) Como você julgou cada detalhe de seu rosto?

d) Em sua opinião, o que essa atividade revela sobre a tolerância?

COMPROMISSO DA SEMANA

Nesta semana eu me comprometo a ser tolerante, respeitoso com todos, principalmente com os colegas de turma e da escola, mesmo que o jeito de ser deles me incomode.

MEUS **PENSAMENTOS**

Anote aqui o que mais marcou você durante as reflexões desse diálogo. É possível que tenha sido uma ideia, um desejo, um sentimento, uma descoberta, uma proposta...

Caso queira, aproveite a oportunidade e ilustre seus sentimentos.

DIÁLOGO 10

Bullying e *cyberbullying*

O *bullying* pode causar entristecimento profundo e adoecimento.

Bullying também é violência

O *bullying* é uma prática muito retratada em filmes e séries. Neles, em geral, crianças ou adolescentes são maltratados por um grupo de colegas.

Entre os meninos, geralmente veem-se cenas de agressão física e chantagem. Às vezes, um grupo de garotos "populares" derruba propositalmente o material de um estudante de estatura menor, que aparenta ser mais fraco fisicamente ou que tem menos amigos. Também são frequentes as cenas em que jovens são trancados em armários, jogados em uma lata de lixo.

Entre as meninas, muitas vezes assistimos a cenas em que as moças "populares" destratam outras meninas: estragam suas roupas, sua maquiagem ou zombam delas.

Basta se colocar na situação do outro para perceber que essas cenas demonstram grande violência. Para quem sofre esse tipo de perseguição, o cotidiano escolar pode se tornar insuportável. Fica difícil encontrar ânimo para ir às aulas; às vezes, a pessoa deixa de acreditar que é possível fazer amizades verdadeiras e conviver com os colegas.

SW Productions/Photodisc/Getty Images

Quando consideramos as pessoas com as quais convivemos, não aceitamos atitudes discriminatórias ou violentas. É necessário se opor ao que traz sofrimento aos nossos colegas.

Como identificar o *bullying*?

Talvez você esteja pensando: "Eu nunca presenciei nenhuma cena de *bullying* em meu colégio ou fora dele". Na realidade, é provável que você tenha presenciado, só não tenha compreendido que se tratava de *bullying*.

Quando alguém ofende sistematicamente um colega, buscando humilhá-lo, ridicularizá-lo ou machucá-lo, há *bullying*.

Veja algumas situações a seguir que se encaixam no conceito.

- Determinada pessoa, ou toda a turma, continuamente bagunça o material de um colega.
- O lanche ou o material escolar de determinado colega é sistematicamente furtado.
- Certo colega nunca é convidado para participar das festas e dos eventos da turma.
- Determinado colega sempre é ofendido por suas características físicas e comportamentais, como peso, corte de cabelo, jeito de andar, jeito de falar etc.

Syda Productions/Shutterstock.com

Colocar-se no lugar do outro traz a perspectiva do que ele sente. Trata-se de um exercício importante de empatia.

MOMENTO de PROSA

01 Observe a imagem do início da página e, na sequência, responda às questões abaixo.

a) Explique o que acontece na cena.

b) Que sentimentos ela desperta em você?

c) Como você imagina que situações como essa podem ser evitadas?

AMPLIANDO O
CONHECIMENTO

Tecnologia

O *cyberbullying*

Com o intenso uso da internet, especialmente das redes sociais, é comum que as formas de violência também passem a ocorrer no ambiente virtual. As agressões são transmitidas em mensagens ou fóruns. Para esses casos, utilizamos a palavra *cyberbullying*.

Motortion/iStockphoto.com

Brincadeiras que causam sofrimento não são inofensivas, são formas desrespeitosas de tratar alguém que está em uma situação de fragilidade.

É importante entender que muitas vezes esse comportamento é camuflado como brincadeira, mas não se trata disso. É uma violência, um ato de extrema falta de respeito com a pessoa que está sofrendo o ataque.

Gostaríamos de lembrá-lo também de que, em uma situação de *bullying*, geralmente há três partes envolvidas. A pessoa mais forte na relação é a que pratica a intimidação ou o ato violento. Do lado oposto, está a pessoa que é alvo da violência. A terceira parte são todos os espectadores, pessoas que estão presentes quando o ato acontece e reagem a ele rindo ou com indiferença. Essas pessoas são testemunhas.

Não se conformar com a posição de testemunha é tão importante quanto não praticar o *bullying*. O apoio à vítima pelas pessoas ao redor desencoraja o agressor, e elas podem tomar providências para apoiá-la. Essas atitudes são muito importantes para dar fim à perseguição.

Como combater o *bullying* e o *cyberbullying*? Vamos estudar isso ao longo deste diálogo, mas já podemos apontar que, sem o respeito e a tolerância, é impossível haver boa convivência na escola.

PARA LER E REFLETIR

Como ocorre o *cyberbullying*?

Laerte Silvino

[...] o *cyberbullying* pode acontecer por meio de mensagens de texto cruéis, pela divulgação de falsos rumores ou mentiras, por *e-mail* ou pelas redes sociais, com a publicação de vídeos vergonhosos, a criação de perfis falsos nas redes sociais ou *sites* em que se zomba de alguém.

A característica principal do *cyberbullying* é que a agressão dirigida a uma pessoa se propaga pela *web* a uma grande velocidade, difícil de deter, e, ao mesmo tempo, é visualizada por muitas pessoas.

A reprodução rápida de comentários, mensagens ou imagens pode ser um pesadelo, se é utilizada para agredir ou humilhar alguém. Por esse motivo, o *cyberbullying* geralmente é muito invasivo e prejudicial: as mensagens ou outros conteúdos com caráter agressivo podem ser enviados a qualquer momento do dia, em qualquer lugar, e compartilhados com muitíssima gente, inclusive de forma anônima.

[...]

Algumas consequências do *cyberbullying*

O *cyberbullying* é um problema muito grave e traz consequências negativas para todos os envolvidos, não somente para quem é agredido. Aquele que agride pode pensar que é poderoso ou superior, e achar que a violência é uma boa maneira de resolver problemas ou conseguir o que se quer.

Por outro lado, os que são testemunhas de uma situação de *cyberbullying* podem se sentir sozinhos ou culpados, especialmente se não sabem o que fazer a respeito. Muitas vezes, podem sentir medo e passar a ser os agredidos, ou serem "deixados de lado" se não participarem. Em relação ao assediado, as consequências podem ser múltiplas. Por ser algo que se repete através do tempo, o *cyberbullying* pode produzir sentimentos duradouros de vergonha, depressão e baixa autoestima.

Quem é agredido pode querer evitar o encontro com os demais, faltando à escola ou deixando de frequentar os espaços comuns. Pode diminuir seu rendimento escolar e se sentir mal fisicamente, desanimado e sem forças. Isso, ao mesmo tempo, aumenta o sentimento de solidão, de angústia e de impotência diante do que lhe acontece. Em alguns casos, o assédio pode afetar a saúde de quem é agredido e essa pessoa vai precisar de atenção médica ou psicológica.

CARTOON NETWORK AMÉRICA LATINA. *Apostila para a prevenção do* cyberbullying *dirigida aos adolescentes.* p. 4 e 5. Disponível em: https://www.chegadebullying.com.br/downloads/cdb_cyberbullying.pdf. Acesso em: 28. nov. 2019.

1. Em que o *cyberbullying* difere das formas convencionais de *bullying*? Por que ele pode ser mais prejudicial à vítima?

2. Pense em uma sugestão que pode ser adotada na sua escola e por seus amigos para ajudar a combater o *cyberbullying*. Compartilhe sua ideia com os colegas.

AMPLIANDO O CONHECIMENTO

Direito

SDI Productions/E+/Getty Images

▸ Apoiar pessoas que passaram por *bullying* é uma forma de ajudá-las a se sentir mais fortes para tomar as devidas providências.

Em 2015, foi aprovada no Brasil a Lei nº 13.185, também conhecida como Lei do Bullying. Essa lei estabeleceu que são considerados *bullying* atos de violência física ou psicológica intencionais e repetitivos que ocorrem sem uma razão clara. Esses atos podem ser praticados por um indivíduo ou um grupo e ter como alvo uma ou mais pessoas. O objetivo é sempre intimidar ou agredir a vítima, causando dor e angústia.

A lei também destacou que, para um ato ser considerado *bullying*, deve sempre haver diferença de poder entre o agressor e o agredido.

Do ponto de vista da lei, a intimidação sistemática pode acontecer por meio de ataques físicos, insultos pessoais, **comentários e apelidos pejorativos, ameaças por quaisquer meios, grafites depreciativos, expressões preconceituosas, isolamento social consciente** e **premeditado**, **pilhérias**.

Pejorativo: que exprime sentido desagradável, depreciação.

Pilhéria: dito engraçado, sarcástico, piada.

Premeditado: pensado com antecipação.

A Lei nº 13.185 também definiu o *cyberbullying*, considerando que:

> Há intimidação sistemática na rede mundial de computadores (*cyberbullying*) quando se usarem os instrumentos que lhe são próprios para depreciar, incitar a violência, adulterar fotos e dados pessoais com o intuito de criar meios de constrangimento psicossocial.
>
> BRASIL. *Lei nº 13.185, de 6 de novembro de 2015*. Institui o Programa de Combate à Intimidação Sistemática (*Bullying*). Brasília, DF: Presidência da República, 2015. Disponível em: http://www.planalto.gov.br/ccivil_03/_ato2015-2018/2015/lei/l13185.htm. Acesso em: 25. nov. 2019.

De acordo com essas definições, a lei estipulou que cabe à escola e à família, entre outros, ajudar na prevenção do *bullying*.

Caso perceba alguma coisa errada com um colega, que pareça ser *bullying*, chame a atenção do professor ou da coordenação da escola. Eles saberão o que fazer para ajudar a vítima e inibir o *bullying*.

MOMENTO DE **REFLEXÃO**

1. Assinale as práticas que caracterizam o *bullying*.

a) ( ) Mexer constantemente no material do colega sem a permissão dele.

b) ( ) Ofender um colega de forma ocasional.

c) ( ) Postar nas redes sociais conteúdos constrangedores sobre um colega.

d) ( ) Chamar uma pessoa usando diversos apelidos desrespeitosos.

e) ( ) Convidar todos os colegas para sua festa de aniversário.

f) ( ) Ocasionalmente, entrar em conflito com um colega.

g) ( ) Um grupo de alunos sempre excluir um colega das atividades coletivas.

h) ( ) Um aluno que tem boas notas ridicularizar o colega que tem dificuldade com a matéria.

2. O que pode e deve ser feito para evitar o *bullying*?

3. No *bullying* ocorre uma relação de desigualdade e de poder entre quem o pratica e quem o sofre. Assinale nas alternativas abaixo os exemplos que evidenciam essa desigualdade.

a) ( ) O agressor usa o fato de obter boas notas para humilhar colegas com notas baixas.

b) ( ) O agressor utiliza força física para tomar objetos, materiais ou lanche dos colegas.

c) ( ) Colegas se desentendem e um deles revida com uma ofensa.

d) ( ) Muitas pessoas usam a força do grupo para excluir colegas das atividades do dia a dia.

e) ( ) Um colega chama os professores ou o coordenador para resolver um conflito em sala de aula.

4. A Lei do *Bullying* estabeleceu que são considerados *bullying* os atos de violência física ou psicológica intencionais e repetitivos que ocorrem sem razão clara. Explique o que você entende dessa afirmativa.

PENSE NISSO

O respeito ao outro é a base para qualquer relação.

Aprender a respeitar a si mesmo é o primeiro passo para aprender a respeitar outra pessoa. A dignidade do ser humano situa-se entre dois extremos: o respeito a si mesmo e o respeito ao outro. Podemos dizer que o respeito é a principal condição para as pessoas conviverem em paz.

COMPROMISSO DA SEMANA

Meu compromisso nesta semana é estar atento a agressões que meus colegas possam sofrer ou tenham sofrido. Assumirei uma postura empática de cuidado e amizade com os colegas que se envolverem em conflitos. Pedirei ajuda a minha família para entender os conflitos que ocorrerem.

MEUS **PENSAMENTOS**

Anote aqui o que mais marcou você durante as reflexões desse diálogo. É possível que tenha sido uma ideia, um desejo, um sentimento, uma descoberta, uma proposta...

Se você quiser, aproveite a oportunidade e ilustre seus sentimentos.

Revivendo os diálogos

01 Explique a importância do perdão para as amizades.

02 É possível viver em total isolamento? Explique sua opinião.

03 Como a parceria entre a família e a escola pode colaborar para o combate ao *bullying*?

04 O *rap* é um discurso com ritmo, feito de rimas e poesias. Escolha um *Diálogo* deste Segundo Momento e desenvolva, em grupo, um *rap* abordando os valores trabalhados no diálogo escolhido. Depois, registre-o aqui.

05 Leia o texto abaixo. Depois, faça o que se pede.

Em dezembro de 2018, o presidente dos Emirados, o xeque Khalifa bin Zayed, havia declarado que 2019 seria o Ano da Tolerância. Um dos objetivos era o de afirmar os Emirados como um centro global para a promoção da tolerância por meio de projetos que encorajam o diálogo entre as culturas. [...]

Logo após assinado, o documento já havia dado seu primeiro fruto: no dia seguinte, 5 de fevereiro, o príncipe herdeiro de Abu Dhabi anunciou a construção da Casa da Família Abraâmica na Ilha Saadiyat.

Após concluído, o complexo abrigará uma igreja cristã, uma mesquita e uma sinagoga, mas também um centro de formação. [...] será um lugar onde pessoas de diferentes tradições religiosas poderão aprender, rezar e dialogar juntas.

REIS, Bernadette Mary. 2019: o Ano da Tolerância se torna global. *Vatican News*, Roma, 23 set. 2019. Disponível em: www.vaticannews.va/pt/vaticano/news/2019-09/2019-ano-da-tolerancia-se-torna-global.html. Acesso em: 28. nov. 2019.

a) Explique a importância de adotar medidas para combater a intolerância religiosa.

06 Quais são os principais cuidados que devemos tomar para cultivar as amizades?

PARA SE INSPIRAR

Muse Entertainment Enterprises

***Bullying* virtual**, de Charles Binamé (122 min).

A adolescente Taylor ganha um computador de presente de aniversário e logo cria um perfil em uma rede social. Vítima de *cyberbullying*, ela passa a ser rejeitada pelos conhecidos no mundo real e tenta superar o drama trocando experiências com pessoas que sofreram o mesmo tipo de humilhação.

Gracie Films

Quero ser grande, de Penny Marshall (130 min).

Num parque de diversões, Josh Baskin faz um pedido: tornar-se adulto. Quando ele acorda na manhã seguinte, descobre que seu desejo se tornou realidade! Com a ajuda do amigo Billy, Josh consegue um emprego em uma empresa de brinquedos. Lá, seu conhecimento e sabedoria infantil fazem com que ele consiga predizer com sucesso o que as crianças querem comprar, tornando-se irresistível aos olhos de sua gananciosa colega. Mas quanto mais Josh vive a vida dos adultos, mais tem saudade das diversões da infância.

oneinchpunch/Shutterstock.com

Caiaimage/Trevor Adeline/Gettyimages

Terceiro Momento

Valores essenciais para cuidar do mundo

Após refletir sobre a importância de cuidar de si e do outro, vamos voltar a atenção para nosso planeta e ver o que podemos fazer por ele.

Alguns hábitos podem contribuir para a prevenção de desastres ambientais. Desenvolver essa percepção nos auxilia a colaborar com o mundo, mas, para fazer nossa parte, é preciso uma boa dose de conhecimento e sabedoria.

Você já refletiu sobre isso? Que tipo de conhecimento é necessário para entender os riscos que o planeta está correndo e evitá-los? O que é honestidade e como podemos melhorar nossas relações e nosso cotidiano sendo honestos? Quais valores são necessários para que possamos fazer parte de uma equipe e cooperar com os outros com eficiência?

DIÁLOGO 11

Melhorando o mundo

Enrico Marone/Pulsar Imagens

▸ Embora não seja possível mudar a atitude de toda a comunidade ao redor, por meio de nosso comportamento, podemos contribuir para melhorar o ambiente.

Fazendo o que está a nosso alcance

A Terra tem mais de 7 bilhões de habitantes, o que torna inviável conhecer, ensinar e influenciar a todos individualmente. Por isso, é comum nos perguntarmos: Até que ponto uma pessoa tem a capacidade de mudar e melhorar o mundo realmente?

A sociedade atual é amplamente conectada em rede. Isso significa que as pessoas mantêm vínculos de amizade, de negócios e, frequentemente, trocam informações por meio da mídia (telejornais, redes sociais, mensagens etc.). Assim, constantemente recebemos notícias de boas ações praticadas por pessoas em todos os lugares. Buscando inspiração nesses exemplos, podemos mudar o pequeno mundo a nosso redor.

Ninguém pode parar o aquecimento global sozinho, mas, se fizermos escolhas ambientalmente responsáveis, é possível melhorar o clima de nosso bairro, de nossa cidade. À medida que as pessoas se comprometerem com esse ideal, as várias partes do planeta irão se regenerar e a sociedade ficará mais **humanizada** e mais feliz.

Humanizado: no texto, empregado com o sentido de ser mais agradável, suportável e civilizado.

Pixel-Shot/Shutterstock.com

▸ Ao nos colocarmos à disposição para ajudar o outro em suas necessidades, colaboramos para uma sociedade fraterna.

O mal está ganhando em nossa sociedade?

Um dito popular ensina que: "Não é que o mal esteja ganhando, mas seu departamento de propaganda é mais eficiente". O que isso quer dizer?

Às vezes, ficamos tão impressionados com as notícias ruins que não percebemos que, para cada pessoa de má **índole**, existem centenas de pessoas honestas; para cada acontecimento triste, há milhares de fatos bons e de solidariedade que merecem nosso reconhecimento e aplauso.

Há uma forma simples de você contribuir sempre para a melhoria do mundo. Tente fazer o seguinte exercício: em toda atividade que realizar, dedique-se a usar suas habilidades para tornar essa atividade útil ao mundo. Assim, se você gosta de escrever, escreva algo que seja inspirador para outras pessoas: uma mensagem, um poema, a letra de uma música... Se você gosta de jogar futebol, use sua habilidade para ensinar os colegas que não sabem jogar. Você é bom de desenho? Use esse talento para transmitir uma mensagem positiva para as pessoas!

Índole: modo de ser característico de um ser humano; temperamento, personalidade.

hedgehog94/Shutterstock.com

▸ Contribuímos para uma sociedade melhor quando temos atitudes cidadãs, como o zelo com os animais, que fazem parte da natureza e necessitam dos nossos cuidados.

Aos poucos, você perceberá que pode transformar a vida de muitas pessoas com boas ações. Agindo assim, você construirá um mundo melhor para você e para quem estiver próximo de você!

AMPLIANDO O CONHECIMENTO

Descobertas científicas

Acervo Pessoal

▸ Raíssa Müller, 19 anos, foi uma das cinco selecionadas para o programa americano Village To Raise a Child, que incentiva projetos de inovação social desenvolvidos por jovens do mundo inteiro. Sua ação individual se tornou uma possibilidade de fazer o bem para o planeta.

A estudante Raíssa Müller, que fez um curso técnico de Química, criou uma espécie de esponja que repele água e absorve óleo e pode ser utilizada, por exemplo, em acidentes com derramamento de óleo no mar.

A motivação de Raíssa para iniciar a pesquisa foi um desastre ambiental ocorrido no Rio Grande do Sul em 2006, no qual milhares de peixes morreram por causa da contaminação da água no Rio dos Sinos.

A jovem estudante recebeu vários prêmios por sua invenção, inclusive de renomadas universidades internacionais. Entretanto, o mais importante é que sua atitude individual contribuiu de forma essencial para a melhoria e o salvamento da vida marinha em caso de desastres ambientais.

A contribuição de cada um

Existem muitas pessoas antenadas com a necessidade de mudança que já contribuem diariamente para melhorar o ambiente em que vivem, por exemplo, os cientistas que fazem um grande investimento pessoal para entender e erradicar doenças, os voluntários que cuidam de canteiros e praças nos bairros etc.

Cada pessoa pode contribuir para deixar o mundo melhor! Veja a seguir algumas dicas para você fazer sua parte.

- Respeitar a si, aos outros e a todo e qualquer ser vivo.
- Cuidar do ambiente em que vive, começando de seu quarto, de sua casa, da sala de aula, da escola, da rua onde mora e assim por diante.
- Desenvolver uma convivência saudável, afetuosa e cuidadosa com as pessoas.
- Manter uma postura positiva.
- Ser grato por todas as oportunidades.
- Promover ações de solidariedade.
- Compartilhar ideias que possam enriquecer o ambiente e contribuir para um mundo melhor.

PARA LER E REFLETIR

Cibele Queiroz

[...] De um ponto de vista científico, sabe por que os atos de generosidade aleatórios nos fazem sentir bem?

"Quando se recebe um favor, [...] é libertada dopamina e isto faz-nos sentir bem", explica Daniel Glaser, neurocientista do King's College de Londres.

"Um elemento aleatório adicionado a uma boa ação pode aumentar a sensação de prazer que é desencadeada", diz. "As boas ações aleatórias também ativam o nosso cérebro social, que é animado pela ideia de que alguém está a olhar por nós".

1. Sorria a alguém na rua

[...]

3. Escreva uma nota de agradecimento ou encorajamento e esconda-a no bolso de um familiar ou amigo

4. Deixe comentários simpáticos na internet

[...]

7. Quando receber ou comprar uma peça de roupa nova, doe uma velha

8. Plante flores pela cidade para as ver florir na primavera

9. Ajude alguém a carregar sacos ou malas pesadas

10. Converse com aquela pessoa tímida ou que se está a sentir pouco à vontade

[...]

20. Limpe uma praia, mata, jardim ou o espaço verde do seu bairro

[...]

120 IDEIAS de boas ações para fazer no seu dia a dia. *The uniplanet*, [*s. l.*], 5 jan. 2017. Disponível em: https://www.theuniplanet.com/2017/01/120-ideias-de-boas-acoes-para-fazer-no.html. Acesso em: 17 set. 2019.

1. Entre as dicas do texto, quais você acha possível praticar em seu dia a dia? Por quê?

2. Sugira três ideias de boas ações que você considera possível praticar em seu dia a dia.

AMPLIANDO O CONHECIMENTO

Autoconhecimento

Como mudar o mundo

[...]

1. Supere o derrotista que há em você

[...] O rumo da história também depende de pequenas atitudes adotadas diariamente por cada um de nós. Se você continuar acreditando que o poder está na mão dos outros – chefes, governos e outros –, vai continuar apenas assistindo.

2. Descubra sua motivação

Fazer algo só por um senso de dever não lhe trará satisfação. Suas ações têm que ter um sentido pessoal, uma vontade. Identifique o tipo de coisa que o faz se sentir realmente vivo – pode ser algo trivial, como fazer um jantar, analisando suas experiências, você vai encontrar os princípios que norteiam sua vida de verdade. São eles que vão fazer você pular da cama de manhã. E não os genéricos que todo mundo defende porque viu no Facebook.

3. Elabore uma estratégia

É difícil combater um problema muito abrangente, como a fome ou a pobreza. Seja específico para bolar uma estratégia. O que mais o incomoda em relação à pobreza é a falta de roupas ou de moradia? Que caminho você

MOMENTO de PROSA

01 Você se sente responsável pelo mundo a seu redor?

02 Você tem feito alguma coisa positiva para proteger o meio ambiente? Em caso afirmativo, o quê?

03 Você tem alguma habilidade que possa usar para melhorar o mundo? Em caso afirmativo, qual?

vai tomar para combater esse problema? Você vai fazer isso sozinho ou coletivamente? São muitas opções, cada qual com vantagens e desvantagens. É preciso escolher apenas uma.

4. Solte sua voz

Compartilhar elogios, críticas e dúvidas também é um jeito de interferir no rumo da história. Afinal, as ideias que circulam na sociedade não são alteradas por leis, mas pelo que se ouve de amigos ou familiares e até de desconhecidos. Mas evite passar sermões e não aposte na divergência. Coloque-se no lugar do outro e busque os pontos de consenso. [...]

5. Identifique suas habilidades

Saber seus pontos fracos e fortes aumenta sua chance de sucesso. [...] Pense também no que faz por *hobby* ou em casa. Defeitos podem ter muito potencial, desde que você consiga aproveitá-los [...].

6. Dê o primeiro passo

Uma ação individual, de uma pessoa comum, pode ter uma repercussão gigantesca, como ocorreu nos Estados Unidos nos anos 1950. A costureira negra Rosa Parks se recusou a ceder seu lugar no ônibus a passageiros brancos, como previa a lei – e mudou a história dos direitos civis. Dar o primeiro passo não vai fazer de você um líder, necessariamente. Mas vai inspirar os outros a questionar e a lutar pelo que querem.

LAGE, Amarílis. Como mudar o mundo. *Superinteressante*, São Paulo, ed. 322, p. 82, 1 ago. 2013.

Ricardo Ventura

1. Considerando o que você leu, responda:

a) O que faz você "pular da cama" com satisfação?

b) Qual o item mais difícil de executar? Explique sua escolha.

c) Qual o item que você consegue realizar com facilidade? Explique sua escolha.

MOMENTO DE **REFLEXÃO**

1. Você aprendeu que pode agir sempre para promover o bem. Agora comente de que forma você pode usar suas tarefas cotidianas para alcançar esse objetivo nos ambientes a seguir.

a) Na escola:

b) Em casa:

c) Na rua e no bairro em que você mora:

2. Em relação aos esforços para melhorar o mundo, escreva **V** nas afirmações verdadeiras e **F** nas afirmações falsas.

a) (   ) Somente "grandes personalidades", como governadores e presidentes, são capazes de mudar o mundo, pois essa tarefa exige muita dedicação de tempo e recursos.

b) (   ) A responsabilidade e o respeito pelo meio ambiente são fundamentais para que uma pessoa seja capaz de ajudar a mudar o mundo a sua volta.

c) (   ) A fim de mudar o mundo, é necessário adotar estratégias claras para resolver um problema de cada vez.

d) (   ) Para melhorar o mundo, é preciso soltar a voz e pôr minhas ideias em prática: fazer manifestos para mostrar os erros dos outros e exigir que eles façam alguma coisa.

3. Como você interpreta a frase: "Não é que o mal está ganhando, mas seu departamento de propaganda é mais eficiente"?

PARA LER E REFLETIR

Ricardo Ventura

Vivemos uma realidade de sofrimento e de **paixão**. São milhões e milhões de pessoas passando fome e todo tipo de necessidade. Ecossistemas estão sendo agredidos, florestas estão sendo **dizimadas**, inúmeras espécies de seres vivos estão desaparecendo e a própria Casa Comum, a Terra, está sendo devastada a ponto de já ter perdido seu equilíbrio interno e mudado a temperatura de seu corpo com o aquecimento global.

Qual é a atitude humana diante dessa via-sacra de padecimentos? A grande maioria da humanidade mostra-se insensível, com traços de crueldade e de impiedade. Nós não somos solidários com os sofredores deste mundo; em sua maioria, vítimas inocentes da **voracidade** dos que apenas querem enriquecer à custa da miséria das multidões e da **pilhagem** dos recursos da natureza.

[...] *Com-paixão* é a capacidade de compartir a paixão do outro. O terrível sofrimento não é tanto o sofrimento em si, mas a solidão nele, sem uma mão que se estende para ajudar, sem um ombro que se oferece para apoiar. [...]

O cuidado representa uma relação amorosa e não agressiva para com o outro; seja pessoa humana, seja algum ser da natureza. [...]

Hoje, mais do que nunca, faz-se necessário o cuidado para com a Mãe Terra, para com toda a humanidade – ameaçada de desaparecer –, para com os animais, as águas, os solos, os ares e os oceanos.

BOFF, Leonardo. *Princípio de compaixão e cuidado*. Petrópolis: Vozes, 2000. p. 7-8.

Dizimado: arrasado, assassinado, exterminado.

Paixão: agonia, tortura, tormento – nesse contexto.

Pilhagem: furto, saque – nesse contexto.

Voracidade: avidez, impaciência, pressa, sofreguidão.

1. Dê exemplos que mostram a insensibilidade das pessoas em relação à situação ambiental do planeta.

2. Explique o que você entendeu do conceito de cuidado.

O QUE FAZ A **DIFERENÇA**

Mondo: na filosofia zen, é um diálogo entre um discípulo e seu mestre.

Esta é uma antiga história zen: um monge perguntou para o mestre Ikkyu (1394-1481): "Por favor, o senhor poderia me escrever algo de grande sabedoria?". O mestre pegou o seu pincel e escreveu lentamente a palavra: "Atenção". O estudante ficou surpreso: "Mas isso é tudo?". Então, o mestre voltou a escrever: "Atenção. Atenção". O monge se irritou: "Isto não parece importante ou sábio para mim". Em resposta, o mestre simplesmente voltou a escrever: "Atenção. Atenção. Atenção."

A importância da atenção, de cultivar um estado de presença a cada momento, em cada ação, é o que já apontava este famoso **Mondo** escrito há mais de meio século [...]. "A atenção sempre foi um ponto fundamental. Atualmente, por exemplo, ela se tornou a mercadoria mais disputada do mundo. As maiores companhias de hoje são aquelas que canalizam e negociam a nossa atenção. Cabe a nós decidir a melhor forma de aplicar este bem precioso." [...]

CASTRO, Alex. "Praticamos atenção para melhor enxergar e cuidar de quem está a nossa volta". [Entrevista cedida a] Davi Carneiro. *Bodisatva*, [*s. l.*], [20--?]. Disponível em: http://bodisatva.com.br/atencao-alex-castro/. Acesso em: 17 set. 2019.

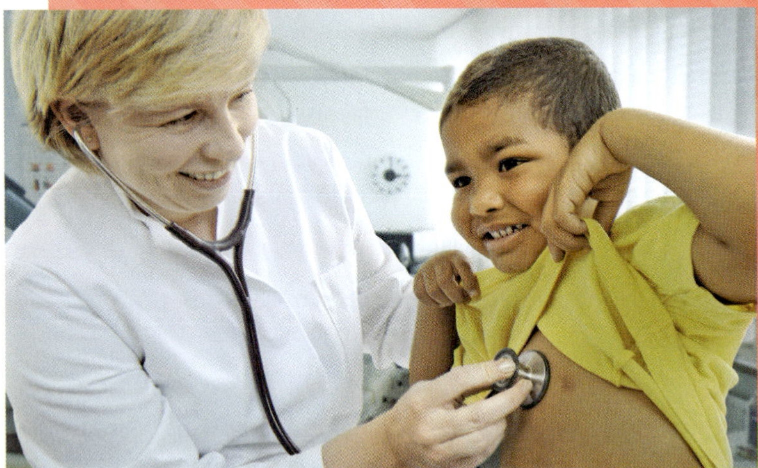

Alexander Raths/Shutterstock.com

Diferentes profissionais desempenham distintas funções quando dedicam tempo a cuidar de nós, podemos vivenciar na prática a função social de seu trabalho.

Aloisio Mauricio /Fotoarena

No desempenho de uma profissão, é importante encontrar um sentido pessoal para ela; dessa forma, o tempo e a atenção empregados ganham um sentido humanitário.

O cuidado com o mundo à nossa volta exige atenção, tal como mostra o texto. Devemos compreender aquilo de que as pessoas precisam e quando precisam. Somente assim poderemos ajudá-las. Observar nosso entorno e buscar informação faz a diferença!

PENSE NISSO

Melhorar o mundo em que vivemos é possível! Mas exige abandonar o desânimo e a sensação de impotência. Envolver-se em um trabalho voluntário, como ajudar na proteção aos animais abandonados e fazer parte de organizações de defesa do meio ambiente, é um bom exemplo.

Esse tipo de atividade pede disposição para mudar a própria consciência e a maneira de ver o mundo, saindo da zona de conforto. Entusiasmo, alegria, amabilidade e generosidade melhoram a disposição pessoal, a disposição das pessoas com as quais convivemos e, consequentemente, toda a nossa comunidade: familiar, escolar e de amigos!

COMPROMISSO DA SEMANA

Durante esta semana, meu compromisso será cuidar do mundo que me cerca: vou usar o celular para mandar mensagens alegres que transmitam carinho para as pessoas da família, para os colegas e os amigos. Vou cuidar para que o ambiente de minha casa seja muito harmonioso, pacífico e alegre.

MEUS **PENSAMENTOS**

Anote aqui o que mais o marcou durante as reflexões deste diálogo. É possível que tenha sido uma ideia, um desejo, um sentimento, uma descoberta, uma proposta...

Caso queira, aproveite a oportunidade e ilustre seus sentimentos.

DIÁLOGO 12

O planeta Terra precisa de cuidado

Nereu Jr/Pulsar Imagens

▸ A tragédia de Brumadinho, ocorrida em 2018, reflete a falta de cuidado ambiental que ocorre em nossa sociedade. Somos parte da natureza e precisamos rever os processos de produção em prol da sustentabilidade.

A relação entre a natureza e as religiões antigas

Séculos atrás, a espécie humana vivia em um ambiente exposto a fenômenos naturais que ela não compreendia. Para sobreviver, precisava se adaptar o tempo todo: populações **nômades** buscavam alimentos e materiais como pedras e paus, que eram adaptados como proteção ou ferramenta de caça.

Em um cenário assim, as diversas populações humanas desenvolveram com a natureza uma relação de medo e respeito.

Aos poucos, com o desenvolvimento de tecnologias e técnicas, passamos a nos abrigar em casas, praticar a agricultura e domesticar os animais. Mesmo assim, uma temporada de chuvas, frio intenso ou seca prolongada pode ser suficiente para levar civilizações à ruína ou forçar a migração de populações inteiras.

Algumas crenças que pregavam uma relação sagrada com a natureza ainda têm muitos fiéis. Veja os exemplos a seguir.

Nômade: população sem moradia fixa que vive permanentemente mudando de lugar.

- **Xintoísmo**: com aproximadamente 2 mil anos, é uma crença muito comum no Japão. Os xintoístas acreditam em vários deuses que são associados a elementos da natureza. São comuns os rituais de purificação e harmonização da natureza, que são vistos como parceira e guia para a sobrevivência.
- **Candomblé:** religião de origem africana, existe há mais de 5 mil anos. Foi trazida para o Brasil com a migração forçada de escravizados no Período Colonial e, aqui, misturou-se a práticas católicas. No candomblé, são cultuados os orixás, divindades que representam diferentes povos e elementos da natureza. Podemos citar Oxóssi, orixá da caça e da fartura, e Xangô, orixá do fogo e do trovão.

Pictures From History/akg-images/Album/Fotoarena

Gravura da deusa Amaterasu; no Xintoísmo essa divindade é muito cultuada e é associada com o Sol e o surgimento do Universo.

Luca Castro/Fotoarena

Estátua do orixá Oxóssi, divindade do candomblé, cultuado como deus caçador e senhor das florestas. À sua frente está sentada Mãe Stella de Oxóssi, iyalorixá de grande importância em Salvador, Bahia.

Nosso desafio com a Mãe Terra

Por volta dos anos 1800, as culturas ocidentais começaram a desenvolver a ideia de que toda a natureza poderia ser controlada e utilizada pelo ser humano. Foi inventada a indústria, e grandes impactos ambientais foram causados para alimentar fornos, motores e aumentar a produção.

Hoje percebemos que a natureza não é tão fácil de controlar e a destruição ambiental tem causado muitos impactos para a humanidade e para outras espécies, como o aumento da temperatura global, secas em alguns lugares e enchentes em outros.

A Terra fornece todos os elementos naturais de que necessitamos; sem eles, não podemos produzir alimento ou extrair madeira, minerais etc.

Atualmente, sabemos que os recursos não são infinitos e que não podemos estabelecer uma relação com o planeta em que apenas retiramos e extraímos bens dele, sem oferecer retorno.

A boa notícia é que, com um pouco de consciência, disciplina e solidariedade, pequenas ações podem contribuir – e muito – para a regeneração do meio ambiente!

O QUE FAZ A **DIFERENÇA**

Fernando Favoretto/Criar Imagem

▸ A coleta seletiva ajuda na preservação do meio ambiente, trata-se de uma ação de cidadania.

Igor Alecsander/iStockphoto.com

▸ A torneira deve ser mantida fechada enquanto se ensaboa a louça e ser aberta apenas para o enxágue.

Maneiras simples de colaborar

- Apagar as luzes quando são desnecessárias.
- Desligar os aparelhos domésticos quando ninguém estiver usando.
- Ao tomar banho, molhar o corpo e fechar o chuveiro, abri-lo novamente somente para se enxaguar.
- Ao escovar os dentes, enxaguar a boca utilizando um copo com água e não deixar a torneira aberta.
- Separar o lixo reciclável do lixo orgânico e disponibilizá-lo a cooperativas ou para a coleta de lixo reciclável.
- Não jogar o óleo no ralo da pia. O correto é armazená-lo em um pote de vidro e encaminhá-lo para reciclagem.
- Manter as torneiras sempre fechadas, sem vazamentos. Estima-se que uma torneira pingando desperdice 46 litros de água por dia.
- Consumir alimentos que utilizem pouca ou nenhuma embalagem.
- Recusar o uso do canudo plástico é uma forma de diminuir a quantidade de lixo.
- Ao lavar a louça, molhar os utensílios e ensaboá-los com a torneira fechada; depois, enxaguar tudo de uma vez.
- Dar preferência à compra de produtos de empresas ambientalmente responsáveis.

Existem muitas outras formas de colaborar. Pesquise novas maneiras e compartilhe suas descobertas com os colegas para que todos possam saber como preservar o meio ambiente!

MOMENTO de **PROSA**

01 Você acredita que o ser humano consegue controlar a natureza? Justifique.

02 Em sua opinião, qual é a relação entre a natureza e o sagrado?

03 Qual é sua relação com a natureza?

MOMENTO DE **REFLEXÃO**

1. No espaço a seguir, desenhe uma mascote para sua escola. Ilustre também o ambiente original no qual ela vive.

2. Agora, nomeie sua mascote, escreva o nome dela e explique por que a escolheu.

3. Escreva cinco conselhos que sua mascote daria aos alunos da escola para ajudar a cuidar de seu ambiente de origem.

AMPLIANDO O CONHECIMENTO

Ecologia

Direitos inerentes da Mãe Terra

Laerte Silvino

A Mãe Terra e todos os seres que a compõem possuem os seguintes direitos inerentes:

- Direito à Vida e a existir;
- Direito a ser respeitados;
- Direito à regeneração da sua **biocapacidade** e continuação dos seus ciclos e processos vitais livre das alterações humanas;
- Direito a manter a sua identidade e integridade como seres diferenciados, autorregulados e inter-relacionados;
- Direito à água como fonte de vida;
- Direito ao ar limpo;
- Direito à saúde integral;
- Direito de estar livre da contaminação, poluição e resíduos tóxicos ou radioativos;
- Direito a não ser alterada **geneticamente** e **modificada** na sua estrutura, ameaçando assim a sua integridade ou funcionamento vital e saudável;
- Direito a uma plena e pronta restauração depois de violações aos direitos reconhecidos nesta Declaração e causados pelas atividades humanas.

Cada ser tem o direito a um lugar e a desempenhar o seu papel na Mãe Terra para o seu funcionamento **harmônico**; todos os seres possuem o direito ao bem-estar e a viver livre de tortura ou trato cruel por parte dos seres humanos.

CONFERÊNCIA MUNDIAL DOS POVOS SOBRE MUDANÇAS CLIMÁTICAS E DIREITOS DA MÃE TERRA. Declaração Universal dos Direitos da Mãe Terra. *In*: PORTAL RIO +20. Rio de janeiro, 4 jan. 2012. Disponível em: http://rio20.net/pt-br/propuestas/declaracao-universal-dos-direitos-da-mae-terra/. Acesso em: 17 set. 2019.

Biocapacidade: capacidade do planeta de reparar danos ambientais.

Geneticamente modificado: que sofre alteração em seu DNA por manipulação em laboratórios.

Harmônico: que está em harmonia, em equilíbrio.

1. Reflita sobre seu dia, desde o momento em que você levantou até agora, e responda:

a) Dos produtos que você consumiu, quais geraram lixo? O que você poderia ter feito para gerar menos lixo?

b) Quanta água você gastou? O que você poderia ter feito para gastar menos água?

MOMENTO DE **ATENÇÃO PLENA**

Agora realizaremos o momento de atenção plena. Para isso, siga as orientações do professor.

COMPROMISSO DA SEMANA

Durante esta semana prestarei atenção à natureza que está próxima a mim. Toda vez que jogar algo fora, pensarei: Era possível evitar a produção deste lixo? Existia uma opção de consumo mais saudável para mim e para a Terra?

Vou cuidar para que na minha casa seja feita a coleta seletiva do lixo, separando lixo orgânico do lixo reciclável. E vou me esforçar para que isso se torne um hábito.

MEUS **PENSAMENTOS**

Anote aqui o que mais marcou você durante as reflexões deste diálogo. É possível que tenha sido uma ideia, um desejo, um sentimento, uma descoberta, uma proposta...

Caso queira, aproveite a oportunidade e ilustre seus sentimentos.

DIÁLOGO 13

O valor da honestidade

SolStock/Getty Images

A honestidade deve ser um valor que norteia nossas atitudes. Se nos deparamos com uma situação e decidimos ser honestos com nós mesmo e os outros, tomamos uma atitude positiva.

Honestidade é essencial

Pode parecer que cultivar o valor da honestidade é uma bobagem, já que diariamente presenciamos exemplos de pessoas desonestas que ficam impunes. Será que a honestidade perdeu o valor?

Certamente que não!

O que precisamos é resgatar esse valor, pois muitos não percebem as vantagens de ser honesto. Alguns acreditam que quem é honesto é bobo e deixa passar oportunidades de se dar bem. Isso não é verdade, pois as pessoas honestas são corretas e inspiram confiança a quem está próximo. Dessa forma, as portas estão sempre abertas para pessoas que se comportam com honestidade.

É fácil reconhecer uma pessoa honesta, pois ela:

- fala a verdade, com sensibilidade para que ela não agrida o outro;
- é sincera consigo mesma e com os outros;
- jamais se apropria de objetos que pertencem a outras pessoas;
- evita participar de fofoca ou críticas que podem afetar outras pessoas negativamente;
- conquista as coisas pelo **próprio mérito**, sem se aproveitar do outro.

Próprio mérito: ter merecimento, receber algo por causa do esforço próprio.

STOCK4B/Getty Images

▸ A honestidade precisa ser uma prática em nosso cotidiano; apropriar-se de materiais escolares de colegas ou da própria escola nos coloca em uma situação de exposição que pode manchar nossa reputação. Sejamos a mudança positiva que desejamos para o mundo.

A honestidade na escola

No cotidiano escolar, quando o aluno honesto faz algo errado, ele assume o erro, mesmo que isso traga consequências, pois sabe que essa é a atitude correta.

O estudante honesto reconhece quando está com dificuldade para resolver uma atividade ou quando deixou de estudar para uma prova. Isso porque sabe que precisa ser sincero consigo para crescer e alcançar seus objetivos.

Quando um aluno honesto precisa de materiais escolares ou sente vontade de comer um lanche diferente do que trouxe ou comprou, ele pede aos colegas. Depois, devolve ou recompensa o colega pela gentileza.

O estudante honesto não cola nas provas nem copia os deveres de casa dos colegas. Ele sabe que deve alcançar bons resultados pelo próprio mérito e não pelo trabalho do outro. Ele tem consciência de que a nota de uma prova não vale nada se ela não representa seu esforço e seu aprendizado.

Masterfile/Radius Images/Getty Images

▸ Quando somos honestos e nos empenhamos por um objetivo, conquistamos grande parte dos nossos objetivos, por exemplo, boas notas.

MOMENTO de PROSA

01 Você conhece pessoas que apresentam as características mencionadas na página 102?

02 Em seu dia a dia, você falha em algum desses pontos? O que poderia fazer para melhorar?

03 Reflita com os colegas: Vocês estão construindo um ambiente de honestidade na sala de aula? Se não, o que precisa ser melhorado?

Motortion/iStockphoto.com

▸ Nossos familiares podem nos ajudar em nossas questões éticas. Eles nos apoiam de forma incondicional, mesmo quando erramos.

A honestidade como escolha

Ser honesto envolve tomar decisões. Algumas vezes, essas decisões podem parecer prejudiciais a si mesmo, por exemplo, reconhecer que errou ao copiar o dever do colega pode gerar uma punição aplicada pela escola e pelos pais. Mesmo assim, o aluno honesto não terá dúvida de que o correto é falar a verdade.

Nossa tendência natural é evitar o sofrimento e as punições. Mas é preciso aprender a enxergar mais longe e ver que a honestidade nos livra de sofrimentos maiores no futuro. É necessário evitar que a família e os professores percam a confiança em nós.

diy13/Shutterstock.com

▸ Responsabilize-se por seus erros. Essa atitude o fará forte e mais preparado para enfrentar os desafios da vida.

O risco de ser visto como alguém que não diz a verdade é que, quando de fato você estiver falando a verdade, talvez as pessoas não acreditem em você; e ser desacreditado quando se está falando a verdade é um sofrimento muito grande, pois traz a sensação de injustiça.

Olena Yakobchuk/Shutterstock.com

▸ Desculpar-se quando se falta com a honestidade é essencial para manter os laços de amor e carinho.

Benefícios da honestidade

À medida que você desenvolver o valor da honestidade, perceberá que as pessoas confiarão mais em você, procurarão estar mais a seu lado e se mostrarão mais amigas. A honestidade caminha ao lado da sinceridade. A pessoa honesta é sincera.

Devemos ser sinceros, falar sempre a verdade, com respeito e sensibilidade para não magoar os outros. A verdade deve ser dita respeitando a forma adequada de falar.

Shift Drive/Shutterstock.com

▸ Por vezes, temos de falar sobre temas difíceis; mesmo assim, abra seu coração. A honestidade é fundamental para a preservação dos relacionamentos.

- as pessoas confiarão mais em sua palavra;
- você receberá mais oportunidades, pois todos saberão que cumpre suas responsabilidades;
- as pessoas procurarão você para escutar sua opinião, pois sabem que é sincero;
- os colegas terão confiança em lhe emprestar objetos;
- você fortalecerá a cada dia sua personalidade, seu caráter, por causa da relação sincera que mantém consigo mesmo e com os outros.

Todos os dias temos oportunidade de escolher entre sermos honestos ou não. Uma vez que esse valor se torne parte de você, será possível começar a colher os bons frutos:

Frances Roberts/ Alamy/Fotoarena

▸ Em nosso cotidiano é comum vermos, no transporte público, pessoas sentadas nos bancos preferencias fingindo dormir, deixando idosos e gestantes em pé. Trata-se de uma desonestidade que coloca em risco a vida de pessoas que estão em um momento de fragilidade.

PARA LER E REFLETIR

Rabino: líder espiritual, sacerdote do culto judaico.

Leonardo Conceição

O discípulo honesto

Certa vez, um sábio **rabino** de uma grande comunidade resolveu testar a honestidade de seus discípulos e convocou-os para uma reunião em que lhes foi feita uma pergunta:

– O que vocês fariam se encontrassem pelo caminho uma carteira cheia de dinheiro?

Um dos discípulos respondeu:

– Devolveria para o dono.

O rabino pensou: "A resposta veio tão rapidamente que eu devo considerar se foi mesmo sincera".

Outro falou:

– Ficaria com o dinheiro se ninguém tivesse me visto.

O rabino disse consigo mesmo: "A língua é sincera, mas o coração é perverso".

E um terceiro foi dizendo:

– Bem, rabino, para ser honesto, ficaria tentado a guardar o dinheiro para mim. Portanto, pediria a Deus que me desse forças para resistir à tentação e agir corretamente.

E o rabino concluiu: "Aí está! Eis o homem em quem eu confiaria".

Autoria desconhecida.

1. O que você faria na situação descrita na parábola?

2. Por que o rabino confiou apenas no último discípulo?

AMPLIANDO O **CONHECIMENTO**

Cidadania

Leonardo Conceição

Honestidade é o ato de ser honesto, de ser verdadeiro. É uma virtude que exige coerência e sinceridade no agir, sentir e falar; está implícita tanto na relação do sujeito com o mundo como na relação daquele consigo mesmo. Ainda é considerada um dos principais valores morais do ser humano, também muito exigido, pois sempre queremos que os outros nos digam a verdade, que sejam sinceros, honestos, verdadeiros conosco.

E nós somos honestos? Sabemos ser verdadeiros com nós mesmos para podermos ser verdadeiros com os outros? A honestidade exige do ser humano humildade, condição necessária para ele reconhecer e assumir suas verdades. O autoengano é uma forma de ser desonesto com ele mesmo. Quando não age de acordo com os seus princípios e valores, termina sofrendo por suas incoerências. A falta de honestidade assusta as pessoas, gera medo, insegurança nas relações, conduz à escuridão da vida presa a mentiras. A mentira destrói a liberdade da pessoa de ser ela mesma, afasta as amizades, é injusta, conduz à destruição das relações, enquanto a honestidade constrói, pois está diretamente ligada à autêntica justiça, à coerência, à liberdade, que promovem a paz e dão sentido à vida. [...]

Mas existem outros tipos de desonestidade que muitas vezes são minimizados pelos adultos e que envolvem questões como a impunidade, relacionadas a práticas do cotidiano. Quando tomamos a vaga de um idoso ou deficiente físico no estacionamento de um supermercado ou quando furamos uma fila, estamos sendo desonestos também. Outros exemplos de desonestidade podemos observar em relação ao patrimônio público, quando um jovem danifica um banco de praça, quebra a lâmpada de um poste, danifica um telefone ou a porta de um banheiro público. Estes são atos desonestos, porque está sendo tirado o direito de todos de usufruírem daquele bem ou serviço em melhores condições. A noção de que "o que não é meu nem é seu, não é de ninguém" precisa ser mudada; o que aparentemente não é meu e não é seu é de todos, por isso merece ser tratado com todo o cuidado.

FONTELES, Rosita Capelo. Programa cinquenta minutos de valores humanos para o Ensino Superior. *In:* 5 MINUTOS DE VALORES HUMANOS PARA A ESCOLA. [*S. l.: s. n.*], jan. 2002. Disponível em: https://www.cincominutosdevalores.org/50-minutos. Acesso em: 17 set. 2019.

MOMENTO DE **REFLEXÃO**

1. Explique a importância de ser honesto.

2. Quais são as consequências da desonestidade?

3. Podemos afirmar que vivemos em uma sociedade honesta? Justifique sua resposta.

4. Leia os textos a seguir e faça o que se pede.

A honestidade e a justiça não têm preço. São virtudes que podemos aprender, mas exigem dedicação e empenho total. Não podemos ser justos só quando quisermos, nem honestos apenas em algumas situações. Ou somos ou não somos. [...] Se somos desonestos e injustos nas coisas simples, certamente o seremos quando tivermos alguma grande responsabilidade.

ZANON, Darlei. *Parábolas de virtude*. São Paulo: Paulus, 2008. p. 26.

Quem é fiel nas pequenas coisas também é fiel nas grandes; e quem é injusto nas pequenas coisas também é injusto nas grandes.

LUCAS 16:10. *In*: BÍBLIA. São Paulo: Paulus, 1990. p. 1275.

a) Reflita sobre a mensagem expressa nos textos e escreva o que compreendeu.

5. Leia as afirmações e escreva **E** para as situações de empatia e **C** para as situações de cooperação.

a) ( ) Ao ver um colega entristecido, sinto-me motivado a ajudá-lo.

b) ( ) Ao ver que meu colega está com dificuldade em uma atividade, proponho-me a fazê-la com ele.

c) ( ) Vendo um idoso atravessar a rua, pergunto se ele precisa de ajuda.

d) ( ) Busco uma associação para ajudar no replantio das árvores de uma praça de minha cidade.

e) ( ) Se observo uma grávida em pé no ônibus, cedo o lugar para ela.

f) ( ) Ao observar um colega sempre solitário, tento me aproximar e fazer amizade com ele.

6. Crie uma pequena história em quadrinhos que represente como a honestidade pode gerar confiança nas pessoas. Depois, compartilhe sua história com os colegas.

O QUE FAZ A **DIFERENÇA**

Vitalii Karas/Shutterstock.com

▸ A confiança no comportamento honesto dos clientes é o que mantém a existência da *mujin hanbai* no Japão.

Mujin hanbai, um símbolo da honestidade no Japão

[...]

Mujin hanbai, vendas em barracas sem atendentes que dá certo no Japão! Cultura da honestidade, integridade e confiança. Não se trata de máquinas automáticas que vendem produtos, encontrados em qualquer lugar do Japão. São barracas! Sim, barracas de vendas sem atendentes, feitas a partir de construção bem simples, onde são expostas as mercadorias, normalmente legumes, verduras e frutas frescas para venda. O comprador escolhe o que deseja comprar, e coloca no lugar indicado (um prato, uma bacia, uma caixa) o dinheiro correspondente ao que comprou e vai embora. Ninguém atende neste tipo de comércio.

Esse tipo de comércio é bastante comum no interior do Japão, principalmente nos lugares onde existe uma grande circulação de veículos. Até aí tudo normal, mas o grande diferencial [...] é que não existe nenhum "atendente". Funciona como um *self-service*. A pessoa pega a quantidade de produtos que desejar, e paga conforme o que está marcado nas plaquinhas.

[...]

Qual a garantia de que os vendedores não serão roubados, ou que receberão de seus compradores? Neste aspecto não existe nenhuma garantia para os donos das barraquinhas. Eles contam apenas com a honestidade dos clientes (muitas vezes desconhecidos), qualidade essa que os japoneses prezam muito.

[...]

PONTES, Paulo Roberto. *Mujin hanbai*, um símbolo da honestidade no Japão. *Seara News*, Vila Velha, 23 nov. 2012. Disponível em: www.searanews.com.br/mujin-hanbai-simbolo-da-honestidade-no-japao/. Acesso em: 17 set. 2019.

MOMENTO de PROSA

01 Você acha que uma feira como a *mujin hanbai* funcionaria em sua escola? E em sua cidade?

02 O que é necessário para a criação de uma cultura de honestidade em nossa sociedade?

COMPROMISSO DA SEMANA

Durante esta semana, meu compromisso será viver de forma honesta comigo: vou ser um bom aluno, fazer meus deveres diários com muita responsabilidade e ser verdadeiro e honesto com todas as pessoas com as quais convivo.

MEUS PENSAMENTOS

Anote aqui o que mais marcou você durante as reflexões deste diálogo. É possível que tenha sido uma ideia, um desejo, um sentimento, uma descoberta, uma proposta...

Caso queira, aproveite a oportunidade e ilustre seus sentimentos.

DIÁLOGO 14

O valor da cooperação

VANDERLEI ALMEIDA/AFP

▸ Atuação do Exército Brasileiro em missão organizada pela ONU no Haiti. A cooperação entre países fortalece o enfrentamento de crises humanitárias.

Cooperar: capacidade de operar ou trabalhar com os outros

A vida em sociedade é impossível sem a cooperação. Por exemplo, ninguém tem todo o conhecimento necessário para construir todos os aparelhos eletroeletrônicos que utilizamos e muito menos para resolver os diversos problemas do dia a dia sem o apoio de uma segunda opinião.

Para que possamos ter um computador, um celular, um livro e outros objetos essenciais para cumprirmos nossas tarefas diárias, dependemos do trabalho de equipes de profissionais.

Na saúde, por exemplo, é necessário um verdadeiro espírito de equipe. Em 2015, foi noticiada uma mobilização mundial para conter o vírus ebola, que se espalhava por vários países da África. Em 2016, foi a vez de o Brasil ficar em estado de alerta e convocar toda a população para combater a reprodução do mosquito *Aedes aegypti* e assim controlar as epidemias de dengue, zika e *chikungunya*.

Photographee.eu/Shutterstock.com

▸ A cooperação e a gentileza no trânsito são fundamentais para a prevenção de acidentes e melhoria da qualidade de vida em grandes cidades.

Ale Frata/CÓDIGO19/Estadão Conteúdo/AE

▸ É necessário que haja cooperação de toda a vizinhança para o controle dos mosquitos *Aedes aegypti* e *chikungunya*. Se cada vizinho fizer a sua parte toda a comunidade se beneficia.

Felix Wong/South China Morning Post /Getty Images

▸ Muitas ONGs oferecem trabalho voluntário e colaboram com as populações em situação de carência, por exemplo, oferecendo cortes de cabelos. São ações que promovem a cidadania.

Outros exemplos importantes são a cooperação e o respeito no trânsito, para que ele flua bem e não ocorram acidentes; o convívio pacífico entre os vizinhos, para que haja harmonia e paz e o condomínio, a rua ou o bairro se mantenham seguros.

Para sermos solidários e cooperarmos com o outro é necessário que estejamos dispostos a abrir mão de alguns de nossos interesses pessoais, oferecer nosso tempo, o que temos, o que sabemos e o que somos àqueles que precisam de nosso apoio.

MOMENTO de PROSA

01 Observe as imagens desta dupla de páginas. Que relação você imagina existir entre elas e o tema deste diálogo?

AMPLIANDO O CONHECIMENTO

Ciências da natureza

A manutenção da vida está diretamente ligada à cooperação. Observe a seguir alguns exemplos.

- **Migração dos pássaros:** os pássaros que migram revezam constantemente sua posição na formação do voo, de maneira a proporcionar descansos ocasionais a todo o grupo. Da mesma forma, os seres humanos revezam tarefas quando se sentem cansados, por exemplo, em trabalhos exaustivos em fábricas ou indústria.

Delmas Lehman/Shutterstock.com

A cooperação pode ser percebida na formação dos voos dos pássaros migrantes.

- **Construção de ninhos:** alguns pássaros, como a caturrita, as araras e os papagaios, constroem ninhos comunitários e os usam para se proteger em época de chuva. Em alguns casos, podem cuidar coletivamente dos filhotes. Da mesma forma, as famílias humanas dividem as tarefas no cuidado com a casa e com as crianças.

Fabio Colombini

Alguns pássaros, como as caturritas, constroem ninhos juntos e dividem também o cuidado com os filhotes.

- **Colmeias:** as abelhas são mestras em cooperação. Trabalham de maneira organizada e harmônica para o bem-estar de sua sociedade.

Chris Moody/Shutterstock.com

As abelhas trabalham juntas e organizadas pela manutenção da colmeia.

- **Formigueiros:** as formigas são exemplo de cooperação, empenho e ordem. Em geral, trabalham juntas para arrastar objetos bem maiores do que elas até o formigueiro.

Em uma construção humana, também podemos observar como as pessoas cooperam entre si para mover grandes blocos ou entulhos.

FG Trade/iStockphoto.com

Um formigueiro só é mantido com a cooperação de todas as formigas.

1. Observe as imagens e explique a importância da cooperação para o convívio diário.

2. Cite exemplos de cooperação coletiva que possam ajudar a melhorar o cotidiano.

MOMENTO DE **REFLEXÃO**

1. Assinale as características que descrevem suas atitudes no dia a dia.

a) (   ) Quando me deparo com um problema grande, tento resolvê-lo sozinho, pois o auxílio de outras pessoas apenas atrapalha.

b) (   ) Nos trabalhos em grupo, sempre faço minha parte com responsabilidade e empenho, contribuindo assim para que meu grupo possa se sair bem.

c) (   ) Durante as aulas nem sempre coopero com o momento de atenção e aprendizado da turma, prejudicando o professor e os colegas com conversas e brincadeiras.

d) (   ) Quando tenho uma tarefa grande pela frente, sei separá-la em partes menores e confiar algumas delas a outras pessoas.

e) (   ) Em casa, com a família, sempre coopero nas tarefas diárias.

2. Reveja as alternativas que você marcou na atividade anterior e faça o que se pede.

a) Registre quais delas revelam dificuldade em cooperar com os outros.

b) Observando as alternativas que você assinalou, explique se você pode melhorar em algum aspecto mencionado.

3. Quais pessoas cooperam para seu aprendizado diário e sua educação? Escreva uma frase que mostre sua gratidão por elas.

4. O que você entende por cooperação?

5. Cite exemplos de cooperação na natureza.

PENSE NISSO

Para exercer atitudes de cooperação é preciso pensar no outro e no grupo no qual estamos inseridos.

Precisamos saber quais são os objetivos envolvidos, por que estão reunidos e como vamos trabalhá-los. É importante dividir as tarefas de acordo com as habilidades de cada um e estar atento para que todos possam participar das decisões.

Trabalhar em conjunto às vezes gera conflitos. Quando isso acontece, é importante entender as expectativas das pessoas envolvidas. Para isso, é fundamental ouvir o outro: quais são seus interesses, suas expectativas, o que no trabalho do grupo está impedindo o sucesso da equipe.

Busque sempre a comunicação não violenta: seja honesto, mas sem julgamentos. Fale sobre seus sentimentos e escute o sentimento do outro. Quando perceber que algo deve ser mudado na atitude do outro, fale de forma simples e sincera, evitando palavras ou atitudes agressivas.

COMPROMISSO DA SEMANA

Durante esta semana, meu compromisso será cooperar com meus familiares: ajudarei nas tarefas diárias, evitando desorganização do ambiente, e farei de boa vontade as tarefas que meus pais ou responsáveis solicitarem.

MEUS PENSAMENTOS

Anote aqui o que mais marcou você durante as reflexões deste diálogo. É possível que tenha sido uma ideia, um desejo, um sentimento, uma descoberta, uma proposta...

Caso queira, aproveite a oportunidade e ilustre seus sentimentos.

DIÁLOGO 15

Liberdade religiosa: um direito

http://awure.jor.br

Cartaz de divulgação do "Dia Nacional de combate à Intolerância Religiosa". Em um país com crenças tão plurais, é fundamental o respeito e a liberdade religiosa.

A busca pelo sentido da vida

Qual é a origem da vida? Para onde vamos após a morte? Qual é a razão da vida e da morte? Esses são alguns questionamentos comuns aos seres humanos ao longo de toda a história.

As diversas religiões nasceram da necessidade de responder a esses questionamentos de busca pelo sentido da vida.

Muitas pessoas, ao aderir a uma religião, acreditam que nela está o verdadeiro sentido da vida e, como há diferentes respostas para as questões comuns, de acordo com cada cultura, muitos são os conflitos religiosos ocorridos ao longo da história.

Para vivermos em uma cultura de paz, precisamos respeitar todas as religiões e aqueles que optam por não ter uma religião. Por maiores que sejam as diferenças entre as crenças, nenhuma delas tem como valor fundamental a violência e a destruição da vida; ao contrário, todas trabalham valores e vivências positivas.

O propósito das religiões

Em geral, as religiões têm os seguintes propósitos:

- ensinar valores sobre o sagrado, as pessoas e o mundo;
- promover uma relação sincera entre as pessoas e a divindade na qual acreditam;
- contribuir para que a pessoa desenvolva uma consciência sobre a importância do cuidado consigo mesma e com o outro, protegendo e preservando a própria vida, a vida daqueles com quem convive e o meio ambiente;
- orientar caminhos que possam levar a pessoa a encontrar equilíbrio, paz, felicidade e descobrir, aos poucos, o verdadeiro sentido para a vida.

Jim West/Alamy/Fotoarena

Líderes religiosos judeus, cristãos e muçulmanos deram os braços para proteger, de forma simbólica, o Centro Islâmico da América, que fica em Detroit, Michigan, nos Estados Unidos da América. A mesquita havia sido vandalizada com pichações.

Precisamos sempre lembrar que não existe maneira certa ou errada de se relacionar com Deus, e sim maneiras diferentes de fazê-lo. Portanto, todos têm o direito e a liberdade de escolher e praticar a religião que mais corresponde a seus anseios, e é nosso dever também respeitar aqueles que optaram por não seguir nenhuma religião.

Na verdade, o valor de uma pessoa não está na religião que ela pratica, mas na maneira pela qual vivencia a crença religiosa que escolheu, em sua dignidade e em seu caráter. É fundamental que pessoas de diferentes religiões possam conviver em paz, em harmonia, respeitando umas às outras.

Joao Urban/Olhar Imagem

Dança para a orixá Oxum na Festa do Dendê, Recife, Pernambuco. As festas para os orixás são uma tradição de matriz africana e, hoje, fazem parte de religiões afro-brasileiras, como a Umbanda.

PARA LER E REFLETIR

Declaração Universal dos Direitos Humanos sobre o direito à liberdade religiosa

[...] Artigo 18: Todo ser humano tem direito à liberdade de pensamento, **consciência** e religião; este direito inclui a liberdade de mudar de religião ou crença e a liberdade de manifestar essa religião ou crença, pelo ensino, pela prática, pelo culto e pela observância, isolada ou coletivamente, em público ou em particular.

ARTIGO 18: Liberdade de religião e crença. *In:* NAÇÕES UNIDAS BRASIL. Brasília, DF, 7 dez. 2018. Disponível em: nacoesunidas.org/artigo-18-liberdade-de-religiao-e-crenca/. Acesso em: 17 set. 2019.

Consciência: compreensão humana do que é moralmente certo ou errado.

Liturgia: ritual, cerimônia, celebração.

A Constituição brasileira também garante a liberdade religiosa em todo o território nacional. O artigo 5º, inciso VI, diz que "é inviolável a liberdade de consciência e de crença, sendo assegurado o livre exercício dos cultos religiosos e garantia, na forma da lei, a proteção aos locais de culto as suas **liturgias**".

JurateBuiviene/Shutterstock.com

Ervas e utensílios utilizados em rituais sagrados do Xamanismo.

Sérgio Neves/Estadão Conteúdo/AE

Espíritas assistindo a uma palestra de evangelização.

Oleg Rudnik/Shutterstock.com

Católicos participando de uma missa.

Alamy/Fotoarena

Cristãos pentecostais assistindo ao culto dominical.

Para que possamos usufruir a verdadeira comunhão com Deus e o sagrado, é fundamental o respeito à escolha religiosa de cada um.

1. Você acredita que a Declaração Universal dos Direitos Humanos e a Constituição brasileira são respeitadas no que tange à liberdade religiosa? Justifique sua percepção.

2. Em sua opinião, como você pode contribuir para melhorar a situação de intolerância à liberdade religiosa?

3. Você acredita que a religião pode nos ajudar a viver melhor e ser mais felizes? Por quê?

AMPLIANDO O CONHECIMENTO

Cultura e religião

Vamos conhecer um pouco melhor as maiores religiões do mundo.

Michael Runkel/Alamy/Fotoarena

▸ O templo hindu Sri Siva Subramaniya, em Nadi, Fiji.

Hinduísmo

Surgiu em torno do ano 1500 a.C., na Índia, e atualmente é a terceira maior religião do mundo. Não tem um patriarca fundador, e seus livros sagrados se chamam Vedas; neles estão registrados hinos e ritos.

A principal crença do hinduísmo é a existência de um espírito universal chamado Brahma (alma do mundo). Trata-se de um deus que tem três nomes: Brahma (criador), Vishnu (preservador) e Shiva (transformador).

Para a religião hinduísta, há vários deuses e alguns animais são sagrados: a vaca, o macaco e a serpente. Brahma está presente em todas as coisas e de maneira especial nos animais, por isso os hinduístas são vegetarianos. O hinduísmo é uma religião nacional, o que significa que só pode ser hinduísta quem nasce hindu.

heru sukma cahyanto/Shutterstock.com

▸ Templo budista em Jinghong, China.

Budismo

Surgiu no século VI a.C., no Nepal, ao norte da Índia. Seu fundador foi Siddharta Gautama, um príncipe que abandonou sua riqueza e, durante sete anos, viveu orando, jejuando e fazendo penitência para entender por que há sofrimento no mundo. Então, numa noite, ele descobriu que "do bem deve vir o bem e, do mal, deve vir o mal". Essa noite se tornou conhecida como "a noite sagrada", na qual Siddharta se tornou Buda, o Iluminado.

O livro sagrado do budismo se chama Tripitaka, e seus sacerdotes são conhecidos como monges e monjas. O principal país em que se pratica essa religião é a Tailândia, onde se concentra o maior número de monges.

A meta do budismo é levar seus adeptos a cultivar, por meio da meditação e de ensinamentos práticos, a paz, a bondade e a sabedoria, negando a cobiça, a inveja e a vaidade.

OlegGr/Shutterstock.com

▸ Sinagoga com características do Renascimento cultural mouro, propriedade do Museu Judaico de Praga, República Tcheca.

Judaísmo

Para o judaísmo, existe somente um único Deus, criador do Universo e de tudo o que há nele. Moisés é considerado o fundador da religião, pois os judeus acreditam que ele recebeu de Deus a lei que a fundamenta: os Dez Mandamentos. A região de origem do judaísmo é a Palestina, onde hoje se localiza o Estado de Israel.

O livro sagrado dos judeus é a Torá, ou Antigo Testamento, e seu lugar de culto é a sinagoga. Os judeus acreditam que um dia virá à Terra o Messias, um novo profeta, como Moisés, que trará paz ao mundo.

As principais festas judaicas são:

- **Pessach** – celebra-se a libertação do povo judeu da escravidão do Egito;
- **Shavuót** – celebra-se o encontro de Moisés com Deus no Monte Sinai;
- **Yom Kipur** – "dia do perdão", em que os judeus passam o dia em jejum e em oração;
- **Shabat** – dia do descanso, celebrado com orações, leituras sagradas e rituais na sinagoga.

Cristianismo

brunocoelho/Shutterstock.com

▸ A Basílica do Santo Sepulcro é um templo cristão localizado na Cidade Antiga de Jerusalém onde, segundo a tradição cristã, Jesus teria sido crucificado, sepultado e ressuscitado.

O cristianismo, originalmente uma vertente do judaísmo, prega a existência de um Deus único. Sua origem também é a Palestina, e sua base são os ensinamentos de Jesus Cristo, considerado filho de Deus. Atualmente, é a religião com maior número de adeptos no mundo.

No Brasil, a maioria da população é católica, uma linha do cristianismo. São consideradas cristãs todas as pessoas que acreditam em Jesus Cristo como filho de Deus e seguem seus ensinamentos. O livro sagrado dos cristãos é a Bíblia, composta pelo Velho Testamento (Torá judaica) e pelo Novo Testamento.

O local sagrado para os cristãos é a Basílica do Santo Sepulcro, onde, segundo eles, esteve o corpo de Cristo antes de ele ressuscitar e ascender aos céus. O lugar de culto e oração de seus adeptos é a igreja, em que se reúnem especialmente aos domingos e dias santos. Essas celebrações são chamadas de missa pelos católicos ou de culto pelos evangélicos, outra linha do cristianismo.

As principais festas cristãs são:

- **Natal** – celebra-se o nascimento de Jesus Cristo, comemorado no dia 25 de dezembro;
- **Páscoa** – celebra-se a ressurreição de Jesus;
- **Pentecostes** – celebra-se, no sétimo domingo depois da Páscoa, o momento em que os discípulos receberam o Espírito Santo, como símbolo da fundação da Igreja cristã.

Islamismo

Abdulrazack/Shutterstock.com

Meca é considerada a cidade mais sagrada para a religião islâmica. Anualmente mais de 13 milhões de muçulmanos a visitam.

Fundado por Maomé em 622 d.C., originou-se em Meca, na Arábia Saudita. Na atualidade, o islamismo é uma das maiores religiões: seus adeptos representam cerca de 20% da população mundial.

Para eles, também só existe um único deus: Alá. Tudo está previsto por ele e nada podemos fazer para contrariar os caminhos traçados por Alá. Há uma expressão comum entre os muçulmanos: "Estava escrito".

O Alcorão, livro sagrado dos muçulmanos, tem força de lei, tal como a Bíblia para os cristãos, a Torá para os judeus e os Vedas para os hindus.

O lugar sagrado de oração é a mesquita. Nela, não há imagens, instrumentos musicais, nem cadeiras, somente tapetes. Ao entrar na mesquita, os seguidores tiram os sapatos e rezam acocorados sobre os calcanhares, chegando a encostar a cabeça no tapete.

Sexta-feira é o dia sagrado para o islamismo, quando a comunidade se reúne para rezar nas mesquitas.

O islâmico tem a obrigação de, ao menos uma vez na vida, fazer peregrinação à Meca, o que em geral ocorre aos 40 anos de idade.

1. Para você, o que significa tolerância religiosa? Cite exemplos.

2. No texto desta seção, vimos diferentes tipos de religião: algumas são monoteístas e outras, politeístas. Identifique as religiões que compõem cada um desses grupos e explique as diferenças entre esses dois modos de se relacionar com o sagrado.

3. Você convive com pessoas de outras religiões? Em caso positivo, o que já aprendeu com elas?

MOMENTO de PROSA

01 Tente visualizar como seria o mundo se todos fossem iguais, falassem a mesma língua, pensassem da mesma forma, agissem da mesma maneira e fizessem as mesmas escolhas... Você acha que o mundo seria melhor assim? Explique.

02 Em sua opinião, como seria o mundo se o respeito, a tolerância, a fraternidade, a ética e a cidadania fossem vivenciados por todos?

MOMENTO DE **REFLEXÃO**

1. Preencha o diagrama de palavras, de acordo com as dicas.

1. Religião criada por Buda.
2. Religião nacional da Índia.
3. Nome do livro sagrado dos cristãos.
4. Nome do fundador do cristianismo.
5. Religião fundada por Moisés.
6. Nome do livro sagrado do judaísmo.
7. Nome do local de peregrinação dos mulçumanos.
8. Nome do dia de descanso para os judeus.
9. Nome do livro sagrado dos muçulmanos.
10. Nome do lugar sagrado para os cristãos.

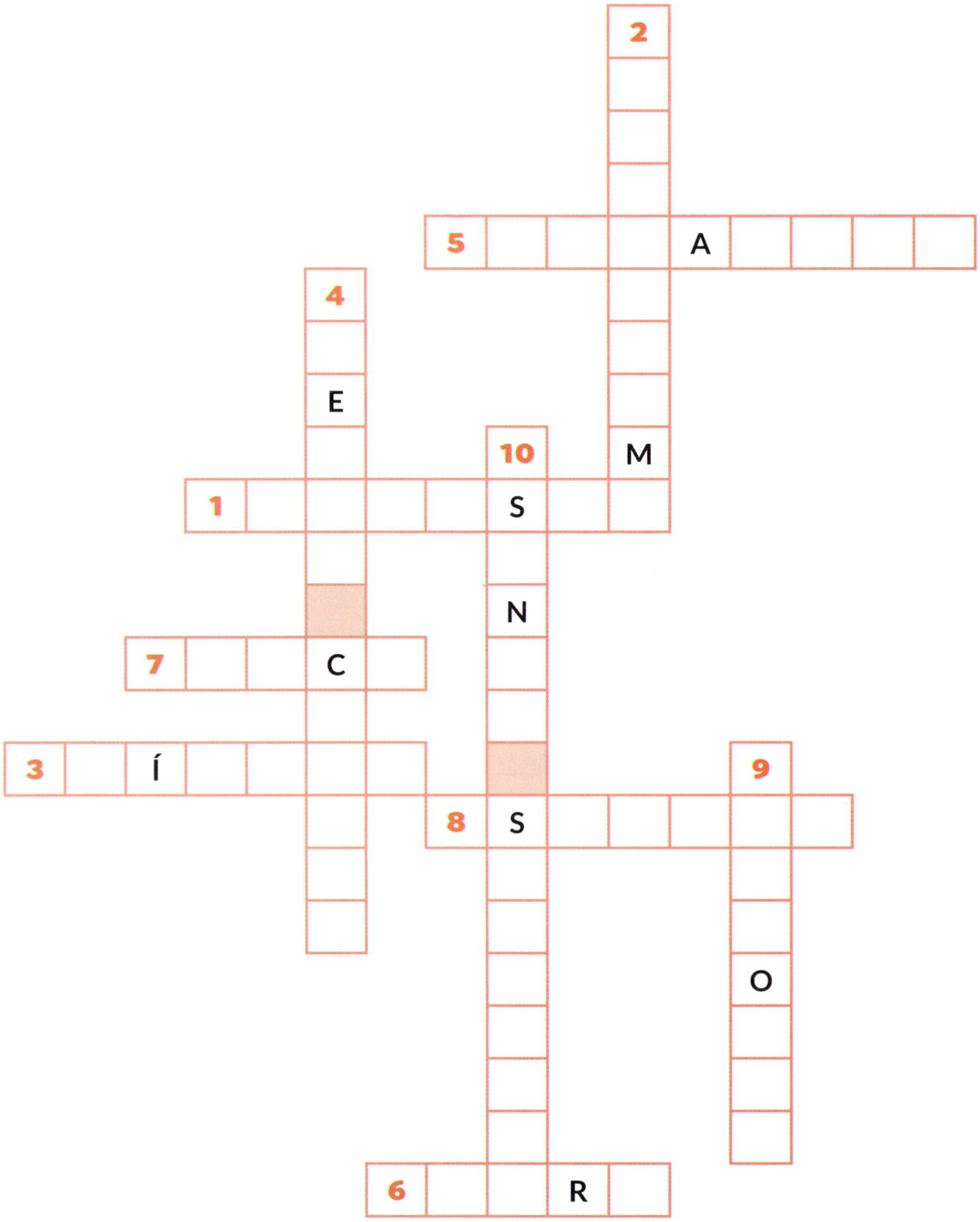

MOMENTO DE **ATENÇÃO PLENA**

Para a realização desta atividade, siga as orientações do professor.

COMPROMISSO DA SEMANA

Durante esta semana, meu compromisso será dedicar um momento para conversar com Deus. Vou falar sobre meus medos, minhas inseguranças, meus sonhos... Vou pedir sabedoria e boa vontade e agradecer por todas as oportunidades que recebo diariamente.

Caso eu não acredite em Deus, nem em uma energia criadora, vou dedicar um tempo para conversar com minha consciência, refletir sobre meus valores e minhas limitações para me tornar uma pessoa melhor.

MEUS **PENSAMENTOS**

Anote aqui o que mais o marcou durante as reflexões desse diálogo. É possível que tenha sido uma ideia, um desejo, um sentimento, uma descoberta, uma proposta...

Caso queira, aproveite a oportunidade e ilustre seus sentimentos.

Revivendo os diálogos

01 Neste Terceiro Momento você trabalhou cinco diálogos. Registre o que foi mais significativo para você em cada um deles. Depois, partilhe suas impressões com a turma.

a) Diálogo 11:

b) Diálogo 12:

c) Diálogo 13:

d) Diálogo 14:

e) Diálogo 15:

PARA SE INSPIRAR

Editora do Brasil

A estátua do prefeito, de Rogério Borges (Editora do Brasil). O que acontece quando um prefeito resolve ignorar a população e o meio ambiente para se enaltecer? Nesse livro, você se surpreenderá com as reviravoltas da situação...

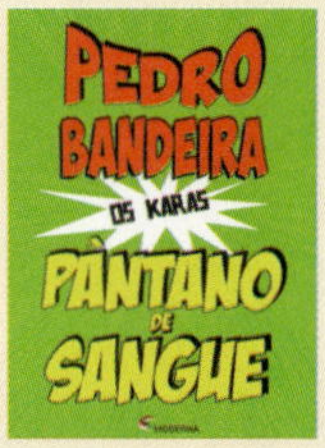

Editora Moderna

Pântano de sangue, de Pedro Bandeira (Série Os Karas, Salamandra). Em um enredo fascinante passado no Pantanal Mato-Grossense, discute-se a destruição da natureza em um dos últimos lugares do mundo que ainda poderia ser chamado de paraíso terrestre.

Como ter o altruísmo como guia (16 min). Matthieu Ricard, um pesquisador da felicidade e monge budista, afirma que o altruísmo é também uma ótima lente para a tomada de decisões. Disponível em: www.ted.com/talks/matthieu_ricard_how_to_let_altruism_be_your_guide?language=pt-br. Acesso em: 23. set. 2019.

02 Que cuidados são necessários na hora de dar uma notícia desagradável, fazer um comentário sobre alguém ou questionar uma atitude que o incomodou?

03 Estudamos alguns direitos de todas as espécies que vivem na Terra. Cite e explique os três direitos que você julga mais importantes.

04 Explique a importância da cooperação para alcançar as metas a seguir.

a) Melhorar a qualidade ambiental do planeta.

b) Melhorar a saúde das pessoas nas cidades e no campo.

c) Combater a pobreza e a fome.

Oksana Kuzmina/Shutterstock.com

Quarto Momento

Valores essenciais para cuidar da vida

Tudo o que estudamos até agora está relacionado ao cuidado essencial que precisamos ter com a manutenção da vida. Sem esse cuidado, não temos qualidade de vida e corremos o risco de perder até mesmo a própria vida.

Chegou a hora de reconhecermos que todas as nossas experiências, vivências, valores e memórias são resultado do fenômeno físico, social, cultural e psicológico que é o viver.

Você sabe como podemos cuidar da vida? O que é uma atitude de respeito e valorização da vida? O que significa viver plenamente? Esses são alguns temas que abordaremos a seguir.

Photo and Co/Stone/Getty Images

DIÁLOGO 16

A vida depende do cuidado

Beto Celli

▸ Entender o valor da vida desperta em nós um forte sentimento de gratidão.

A vida é um presente!

Creativa Images/Shutterstock.com

▸ O sedentarismo e a má alimentação, além de potencialmente encurtar a vida, impedem outras experiências muito mais prazerosas.

A vida é nosso bem mais valioso. Somos convidados, todos os dias, a cuidar dela com carinho e dedicação.

Viver é crescer, criar vínculos com os demais seres vivos e desenvolver habilidades que nos ajudam a participar ativamente da conservação do planeta.

O descuido com a vida põe em risco os valores essenciais e a própria existência. De que adianta ser generoso, fraterno, solidário, se você não cuida de si e não protege sua vida a cada momento?

Odua Images/Shutterstock.com

▸ O diálogo é a melhor estratégia para uma boa convivência e para solucionar conflitos.

Monkey Business Images/Shutterstock.com

▸ Estar vivo é o melhor presente! Desfrutar de boas companhias e ter atitudes positivas torna a vida mais saudável.

A importância de valorizar a vida

Há muitas situações que colocam a vida em perigo, por exemplo: atos de agressão, intolerância, violência, miséria, má alimentação, sedentarismo, uso de drogas etc. Essas atitudes contribuem para uma vida menos saudável, com poucas oportunidades e, provavelmente, mais curta.

Você pode perguntar: Para eu cuidar da vida basta evitar as situações de perigo? Não! Embora evitar acidentes e não se colocar em situações de risco sejam importantes formas de cuidado, valorizar a vida significa também vivê-la de maneira inteligente, aprender com as experiências, aproveitar as oportunidades, ser criativo e desenvolver ao máximo seu potencial e sua personalidade.

São muitos os "presentes" que recebemos, entre eles, a capacidade de mobilidade, a visão, a audição, o paladar, a inteligência, a oportunidade de estudar, de conviver em família e ter amigos. Portanto, cuidar da vida e preservá-la é zelar por tudo o que recebemos da natureza e sermos gratos pela oportunidade de usufruirmos de todas essas possibilidades cotidianas.

MOMENTO de PROSA

01 Para você, o que significa preservar a vida?

02 Você é cuidadoso com sua vida? Explique sua percepção.

03 É possível zelar pela vida do outro? Comente.

PARA LER E REFLETIR

Autêntico: que é verdadeiro, legítimo.

Dogmatismo: tendência de afirmar e crer em algo como verdadeiro e indiscutível, como verdade absoluta.

Nirvana: estado de libertação que o ser humano pode alcançar quando realiza a busca espiritual por meio da sabedoria.

Ricardo Ventura

[...] Quando na vida diária somos bons e honestos, cheios de amor, de cuidado e cura, e menos egoístas, isto levará por si mesmo ao **nirvana**.

Mas quando, [em vez disso], falamos e filosofamos sobre o nirvana sem nos incomodarmos com a prática quotidiana, chegamos talvez a um nirvana estranho, mas que com certeza não é o **autêntico**, por lhe faltar a prática diária.

Temos que realizar estas valiosas doutrinas em nossa vida diária. [...] Você tem que levar uma vida boa. E uma vida boa não consiste simplesmente em boas comidas, belas roupas e moradia confortável. Isto não basta. O que precisamos é de uma boa motivação: dedicação libertadora sem **dogmatismo**, sem complicações filosóficas; simplesmente compreendendo que os outros são nossos irmãos e irmãs, e respeitando seus direitos, assim como a sua dignidade humana.

O fato de nós seres humanos podermos ajudar-nos mutuamente, é uma de nossas capacidades humanas únicas. Temos que participar do sofrimento das outras pessoas. Mesmo que você não possa ajudá-las com dinheiro, [...] é válido expressar participação, apoio moral e simpatia. Esta deveria ser a base do nosso agir. [...]

DALAI-LAMA. Lógica do amor. *In*: BOFF, Leonardo. *Princípios de compaixão e cuidado*. Petrópolis: Vozes, 2004. p. 44-45.

1. Assinale as afirmações que mostram como podemos ser empáticos.

a) ( ) Sempre que possível, contribuir para diminuir a solidão de alguém.

b) ( ) Agir de forma atenciosa e carinhosa com os idosos.

c) ( ) Evitar visitar os doentes, pois eles preferem ficar sozinhos.

d) ( ) Contribuir materialmente para ajudar alguém que perdeu todos os seus bens nas últimas enchentes.

e) ( ) Ouvir amigos e colegas de forma atenciosa, pois eles podem estar precisando de apoio.

2. Grife no texto o trecho que afirma que devemos praticar a empatia.

3. Como o texto nos leva a refletir sobre a felicidade?

4. De acordo com o texto, qual é o sentido da vida? Converse com os colegas a respeito.

5. O texto chama a atenção para o fato de que é necessário encontrar uma boa motivação na vida. O que motiva sua vida?

AMPLIANDO O CONHECIMENTO

Ciência e religião

O **criacionismo** ensina que o Universo, o planeta Terra, a humanidade e todos os seres vivos são parte da criação divina. Dessa forma, a humanidade foi criada à imagem e semelhança de Deus e, portanto, não descende de primatas.

As religiões têm diferentes compreensões da personalidade de Deus e sua forma de intervir na humanidade. Para o cristianismo, por exemplo, a fonte explicativa para a criação do ser humano está na Bíblia, mais precisamente no livro *Gênesis*.

O **evolucionismo**, teoria desenvolvida por cientistas, busca explicar as mudanças ocorridas com as diversas espécies de seres vivos ao longo do tempo e sua relação com o meio ambiente. Nessa perspectiva, o ser humano e os outros seres vivos são resultado de uma lenta e constante transformação, que já dura milhões de anos.

Para Charles Darwin (1809-1882), naturalista britânico, a evolução se origina em um ancestral comum, por meio de seleção natural.

Essa teoria é fruto de pesquisas que estabelecem relações entre características semelhantes de diferentes espécies, atribuindo aos fatores naturais a causa para a modificação dos organismos ao longo do tempo.

O QUE FAZ A **DIFERENÇA**

Alexandre Beck

Duas expressões costumam ser muito mal utilizadas: *yolo*, acrônimo da expressão em inglês *you only live once*, que significa "você só vive uma vez"; e *carpe diem*, expressão em latim, que significa "valorize o dia", "aproveite o dia".

Algumas pessoas interpretam essas sugestões como um convite para agir sem responsabilidade. É comum adolescentes ou jovens adultos usarem o termo *yolo*, por exemplo, para explicar por que dirigem embriagados ou em alta velocidade. Frequentemente lemos reportagens sobre pessoas que enviaram essas expressões por mensagens em redes sociais pouco antes de sofrerem acidentes fatais. Alguns também usam a ideia do *carpe diem* para se esquivar das obrigações diárias, do estudo ou do trabalho.

Josep Suria/Shutterstock.com

Atitudes irresponsáveis, especialmente por colocarem em risco a própria vida e de terceiros, são muito perigosas e não significam que se está desfrutando de um bom momento.

Convidamos você a refletir e entender que essas expressões devem ser interpretadas de maneira positiva. Devemos ter em mente que a vida é extremamente preciosa e precisa ser vivida em sua plenitude.

O tempo de vida de que você dispõe é único e não pode ser renovado. Pense: Será que a adrenalina de uma corrida de carros ou de motos compensa a perda de todos os outros momentos, de todas as outras experiências que nunca ocorrerão no caso de um acidente fatal? Como ficam todos os amores, as viagens e as oportunidades que teríamos? Essa é uma importante reflexão.

MOMENTO DE REFLEXÃO

1. Escreva um pequeno texto que expresse seu pensamento sobre o que é viver bem.

2. Observe as imagens, leia o texto e faça o que se pede.

Conselhos para quem deseja viver valorizar a vida

oneinchpunch/Shutterstock.com

merzzie/Shutterstock.com

- Ter uma dieta equilibrada: sabemos que muitas doenças são causadas por uma má alimentação, como diabetes, problemas nos ossos, problemas cardíacos etc.
- Praticar exercícios físicos com regularidade: ajuda a manter a saúde cardiovascular, o que possibilita liberar o excesso de energia acumulado durante o dia e evita a ansiedade ou o estresse.
- Desenvolver um estilo de vida saudável: o estilo de vida tem a ver com nossa maneira de ser e de viver, de enfrentar os problemas do dia a dia e de encarar nossa relação com as pessoas. É muito importante decidir como queremos viver e qual estilo de vida possibilita que tenhamos uma relação amigável com nós mesmos e com as pessoas de nossa convivência.

Imagine que você é um sábio, alguém que já adquiriu muita experiência de vida. Nessa condição, elabore três conselhos levando em conta os grupos para os quais se destinam:

a) pessoas que desejam valorizar a própria vida;

b) pessoas que querem desenvolver bons relacionamentos;

c) pessoas preocupadas em cuidar do planeta Terra.

3. Explique a seguinte afirmação: O descuido com nossa vida põe em risco todas as outras formas de cuidado e todos os valores essenciais.

4. Assinale as situações em que as expressões *carpe diem* e *yolo* são utilizadas para valorizar a vida.

a) (   ) Na escola, vou aproveitar ao máximo cada momento de aprendizagem.

b) (   ) Eu só vivo uma vez, então vou praticar esportes radicais sem equipamentos de segurança para viver a adrenalina ao extremo.

c) (   ) A vida é muito curta para eu me empenhar em projetos futuros. Vou gastar todo o meu tempo jogando *video game*.

d) (   ) Só se vive uma vez, então vou buscar oportunidades saudáveis e experimentar experiências novas e construtivas.

e) (   ) Meus parentes e amigos não viverão para sempre. Vou aproveitar a companhia deles enquanto posso!

f) (   ) A vida é agora, então vou deixar as tarefas mais difíceis e de que não gosto para depois.

5. Represente com desenhos as explicações sobre a origem da vida a seguir.

a) Criacionista.

b) Evolucionista.

MOMENTO DE **ATENÇÃO PLENA**

O objetivo deste momento é que você perceba a si mesmo. Trata-se de uma pausa na rotina. Por um minuto, preste atenção a sua respiração. Inspire profundamente. Retenha o ar por um instante. Escute as orientações do professor, aproveite o momento e faça tudo o que ele disser.

COMPROMISSO DA SEMANA

Durante esta semana, meu compromisso será valorizar ao máximo cada dia. Para isso, vou fugir do hábito de deixar tudo para depois; estabelecerei prioridades para a semana e me comprometerei com elas.

MEUS **PENSAMENTOS**

Anote aqui o que mais o marcou durante as reflexões deste diálogo. É possível que tenha sido uma ideia, um desejo, um sentimento, uma descoberta, uma proposta...

Caso queira, aproveite a oportunidade e ilustre seus sentimentos.

DIÁLOGO 17

Atitude sustentável

Luis Salvatore/Pulsar Imagens

A reciclagem é uma atitude sustentável de comprometimento com a vida na Terra.

O cuidado com o futuro

No diálogo anterior, conversamos sobre a importância de respeitar nossa própria vida e cuidar dela. Mas devemos também ter cuidado com a vida em todo o planeta. Precisamos compreender que as formas de vida se sustentam umas nas outras, ou seja, que nossa vida ajuda outros seres a viverem, assim como eles nos ajudam.

Reflita por alguns instantes sobre sua alimentação: Você consome carnes? E vegetais? Você imagina que depende das plantas para sobreviver? O que aconteceria com o planeta se de repente todos os pássaros e insetos sumissem?

À medida que avançar nos estudos de Biologia e Geografia, entenderá cada vez mais que os animais, as plantas e até mesmo as bactérias têm uma função para a sustentação da vida no planeta. Preocupar-se com a sustentabilidade significa zelar para que essas funções continuem sendo desempenhadas.

Um mundo sustentável é aquele em que conseguimos manter a qualidade de vida sem colocar em risco o meio ambiente, ou seja, cuidamos para que todos os outros seres vivam bem e os processos de manutenção da vida sejam respeitados.

A sustentabilidade é também uma preocupação com o futuro. Quem a busca pretende que o planeta seja abundante não apenas para os habitantes de hoje, mas que os recursos sejam mantidos para as crianças que ainda vão nascer.

Arionauro Cartuns

O tema "Sustentabilidade" ganhou força nos anos 1980. Os que viveram naquela década já sentiam a necessidade de compromisso e responsabilidade em relação ao meio ambiente. Essa responsabilidade agora é passada para você, que deve garantir que as gerações futuras tenham a consciência ecológica necessária para que a vida no planeta siga seu curso. Você está pronto para agir dessa maneira?

Wagner Tavares/Pulsar Imagens

▸ O Projeto TAMAR trabalha para assegurar um ambiente saudável para as tartarugas marinhas e, consequentemente, para as espécies que vivem nos locais em que atuam, inclusive as pessoas.

Andre Dib/Pulsar Imagens

▸ O Programa ARPA trabalha para a conservação de áreas naturais, como a Floresta Amazônica, essenciais para a qualidade de vida de todos os seres vivos nesses locais.

AMPLIANDO O CONHECIMENTO

Sustentabilidade

Parâmetro: padrão, regra, pelo qual se estabelece uma relação ou comparação entre termos.

Replantio: ação de replantar.

Suprir: arcar, abastecer.

Conceito de sustentabilidade

Sustentabilidade é um termo usado para definir ações e atividades humanas que visam **suprir** as necessidades atuais dos seres humanos, sem comprometer o futuro das próximas gerações. Ou seja, a sustentabilidade está diretamente relacionada ao desenvolvimento econômico e material sem agredir o meio ambiente, usando os recursos naturais de forma inteligente para que eles se mantenham no futuro.

Seguindo estes **parâmetros**, a humanidade pode garantir o desenvolvimento sustentável.

[...] ações relacionadas à sustentabilidade [...]

- Exploração dos recursos vegetais de florestas e matas de forma controlada, garantindo o **replantio** sempre que necessário.
- Preservação total de áreas verdes não destinadas à exploração econômica.
- Ações que visem o incentivo à produção e consumo de alimentos orgânicos, pois estes não agridem a natureza, além de serem benéficos à saúde dos seres humanos.
- Exploração dos recursos minerais (petróleo, carvão, minérios) de forma controlada, racionalizada e com planejamento.
- Uso de fontes de energia limpas e renováveis (eólica, geotérmica e hidráulica) para diminuir o consumo de combustíveis fósseis. Esta ação, além de preservar as reservas de recursos minerais, visa diminuir a poluição do ar.
- Criação de atitudes pessoais e empresariais voltadas para a reciclagem de resíduos sólidos. Esta ação, além de gerar renda e diminuir a quantidade de lixo no solo, possibilita a diminuição da retirada de recursos minerais do solo.
- Desenvolvimento da gestão sustentável nas empresas para diminuir o desperdício de matéria-prima e desenvolvimento de produtos com baixo consumo de energia.
- Atitudes voltadas para o consumo controlado de água, evitando ao máximo o desperdício. Adoção de medidas que visem a não poluição dos recursos hídricos, assim como à despoluição daqueles que se encontram poluídos ou contaminados.

Benefícios [...]

- A adoção de ações de sustentabilidade garante a médio e longo prazo um planeta em boas condições para o desenvolvimento das diversas formas de vida, inclusive a humana. Garante os recursos naturais necessários para as próximas gerações, possibilitando a manutenção dos recursos naturais (florestas, matas, rios, lagos, oceanos) e garantindo uma boa qualidade de vida para as futuras gerações.

SUSTENTABILIDADE. *In: SUAPESQUISA.COM.* [*S. l.*], c2004-2020. Disponível em: www.suapesquisa.com/ecologiasaude/sustentabilidade.htm. Acesso em: 19 set. 2019.

Ricardo Ventura

MOMENTO DE **REFLEXÃO**

1. Cite e explique três formas de contribuir para o desenvolvimento sustentável.

2. Explique por que a busca da sustentabilidade é uma forma de cuidado com a vida.

3. Faça uma leitura crítica desta charge.

Clovis Lima

4. Explique como a sustentabilidade está relacionada à proteção da vida das gerações futuras.

5. Sabemos que a sociedade atual não é sustentável, ou seja, se nada mudar, os recursos da Terra vão se esgotar. Que mudança você acredita ser mais urgente? Você está disposto a sacrificar algum conforto para proporcionar essa mudança?

Greenpeace Brasil 2019

6. Inspirado no cartaz ao lado, escreva um texto convidando as pessoas a adotar posturas que contribuam para a preservação do planeta.

PARA LER E REFLETIR

Leonardo Conceição

Procura-se algum lugar do planeta onde a vida seja sempre uma festa onde o homem não mate nem bicho nem homem e deixe em paz as árvores na floresta.

Procura-se algum lugar no planeta onde a vida seja sempre uma dança e mesmo as pessoas mais graves tenham no rosto um olhar de criança. [...]

Menino procura com urgência um vale azul para morar.

Um vale onde a aurora desperte as coisas suavemente e as manhãs tenham gosto de jabuticaba.

Um vale onde todos andem de mãos dadas e onde toda fome seja saciada.

Um vale onde os riachos cantem enchendo tudo de azul, inclusive o coração do menino.

MURRAY, Roseana. *Classificados poéticos*. São Paulo: Companhia Editora Nacional, 1989. p. 22 e 36.

1. Que relação existe entre vida sustentável e o poema de Roseana Murray?

2. O que quer dizer o trecho "mesmo as pessoas mais graves tenham no rosto um olhar de criança"?

3. Complete o texto que segue se baseando no que você refletiu sobre o poema e em seus sentimentos e sonhos.

Procura-se algum lugar no planeta...

4. Forme um grupo com alguns colegas e, juntos, façam o que se pede a seguir.

a) Reflitam sobre as mudanças climáticas que vêm ocorrendo no meio ambiente, citem uma invenção que vocês acreditam que piorou nossa relação com o meio ambiente e expliquem como vocês acham que era o mundo antes dela.

b) Citem uma invenção que vocês acreditam que melhorou nossa relação com o meio ambiente e expliquem como vocês acham que era o mundo antes dela.

c) Agora, vamos usar a imaginação: imaginem que vocês são cientistas ou engenheiros bastante conhecidos. Descrevam e expliquem uma invenção que tentariam criar para melhorar a relação da humanidade com o meio ambiente.

5. Busque na internet, em revistas ou outros materiais impressos frases que representem "o mundo" em que você gostaria de viver. Na sequência, cole o material selecionado no espaço abaixo e compartilhe com os colegas e o professor sua percepção de sociedade ideal.

AMPLIANDO O **CONHECIMENTO**

Sustentabilidade

Laerte Silvino

Aumentando o aquecimento

No nosso dia a dia a energia é de extrema importância. Queremos comprar mais coisas novas, maiores, melhores e em maior quantidade: queremos ir para toda parte de carro; queremos voar para onde for possível. Todo esse conforto custa energia, e quanto mais a usamos, maior a ameaça ao meio ambiente. O uso de combustíveis fósseis (carvão, petróleo, gás) resulta em chuva ácida e efeito estufa: furacões, inundações e elevação do nível do mar.

Essas ameaças são graves. O nível do mar está subindo numa velocidade dez vezes superior à normal, o que poderá provocar o desaparecimento de países inteiros!

Os combustíveis fósseis ainda são a fonte de energia mais popular. É difícil usar menos, e a energia nuclear não conseguiu proporcionar uma alternativa segura. [...] Se usarmos tanta energia por pessoa quanto nos países industrializados, o mundo vai precisar de cinco vezes o que consome atualmente.

Nosso planeta definitivamente não suportaria a poluição que esse tipo de consumo geraria. Então, o que nós do mundo em desenvolvimento deveríamos fazer? Calar-nos?

[...] Nem pensar! Precisamos encontrar novas fontes *sustentáveis* de energia, assim como os países industrializados.

Escrito, projetado e ilustrado por Children's Task Force on Agenda 21. *Missão Terra*: o resgate do planeta. Tradução de Celso Paciornik. São Paulo: Melhoramentos, 1994. p. 45.

1. Você conhece novas fontes de energia sustentável que são utilizadas no Brasil? Que fontes são essas?

2. Que outros fatores contribuem para o aquecimento global?

PENSE NISSO

O ensinamento de Buda é muito claro, eficaz e simples de ser entendido. Ele abre um caminho de vida que não é voltado apenas para o benefício pessoal, mas à nossa espécie como um todo. Nós temos o poder de decidir o destino do nosso planeta. [...] O que nos salvará são nossos vislumbres e ações. Se despertarmos para nossa verdadeira situação, haverá uma mudança coletiva de consciência. E dessa forma a esperança será possível.

HANH, Thich Nhat. *A arte de viver*. Rio de Janeiro: Harper Collins, 2018. p. 15.

COMPROMISSO DA SEMANA

Durante esta semana, meu compromisso será não desperdiçar água nem energia elétrica: na hora do banho gastarei o tempo mínimo necessário e não deixarei a torneira aberta enquanto escovo os dentes. Vou tentar fazer com que essas atitudes se tornem um hábito.

MEUS **PENSAMENTOS**

Anote aqui o que mais o marcou durante as reflexões deste diálogo. É possível que tenha sido uma ideia, um desejo, um sentimento, uma descoberta, uma proposta...

Caso queira, aproveite a oportunidade e ilustre seus sentimentos.

DIÁLOGO 18

Vidas em conexão

kali9/iStockphoto.com

O afeto é um elo bastante forte, une as pessoas e fortalece as relações.

Efeito borboleta

Existe um ditado popular que diz: "O bater de asas de uma borboleta de um lado do planeta pode causar um tufão do outro lado do mundo".

Essa metáfora explica que, em nosso planeta, todos os elementos da natureza estão conectados, como em uma grande casa. Assim, quando uma pessoa escuta música alta em um cômodo, outras pessoas ouvem a música nos outros cômodos. Quando um membro da família deixa um cômodo desarrumado, incomoda os outros moradores. Por outro lado, quando se faz uma faxina, todos são beneficiados. Atitudes como a gentileza, o bom humor e o cuidado nas relações melhoram o ambiente para todos. O mesmo acontece com o planeta Terra: as atitudes das pessoas são capazes de causar impactos globais.

Conexões de vidas humanas

Jim Rohn ficou famoso como empreendedor e defendia que nós somos parecidos com as cinco pessoas com quem mais convivemos. Em nosso dia a dia, tendemos a estabelecer uma relação de troca com quem está mais próximo de nós e aprendemos com experiências, valores e rotinas das pessoas a nosso redor, ao mesmo tempo que os outros absorvem também um pouco de nosso jeito de ser e viver.

Se é verdade que estabelecemos essa conexão com quem está a nossa volta, é necessário ter atenção com nossas relações no dia a dia: Se usarmos palavras ofensivas ou prestarmos pouca atenção ao outro, podemos criar um ambiente tóxico a nosso redor, no qual ninguém vai se respeitar.

svetikd/iStockphoto.com

▸ É necessário respeitar e tolerar a individualidade alheia, pois isso contribui para uma convivência saudável.

Quando tomamos o cuidado de sermos empáticos, estabelecemos boas relações com nossa família, com os vizinhos e colegas e contribuímos para a transformação do ambiente que nos rodeia.

Conexões sociais

Izuddin Helmi/Shutterstock.com

O ser humano vive em comunidades, e estas formam a sociedade. Seus hábitos e valores fazem parte de nossa cultura.

A cultura de um povo inclui a forma de se vestir, de expressar sentimentos por meio da arte, a organização e expressão do idioma, a vivência religiosa, a forma de lidar com o trabalho e conviver com a família e a relação estabelecida com o aprendizado.

O processo de construção de uma cultura é muito longo e, às vezes, é difícil mudar aspectos de uma cultura já consolidada. Devemos aprender o que a sociedade tem de melhor, usar as práticas culturais que nos ajudam a conviver bem com os outros e estabelecer relações de tolerância e afeto.

▸ Muitos hábitos e valores desenvolvidos pelas pessoas são transmitidos de geração em geração pelo exemplo e pelo contato com as pessoas da família e da comunidade.

Conexões com as plantas e os animais

Viktoriia Hnatiuk/Shutterstock.com

▸ Grupo de pessoas da comunidade trabalha na conservação de uma praça. A cooperação é fundamental para a manutenção e a melhoria dos espaços públicos.

Em nossa cidade, estamos em conexão com as árvores nas ruas, com os jardins e com as praças, e nossas atitudes têm consequências para a sustentabilidade de toda essa grande comunidade de plantas e de animais. O lixo que geramos e os recursos que consumimos têm efeito sobre todas as formas de vida em nosso planeta. Quando cortamos as árvores e cimentamos praças e jardins, contribuímos para que ocorram enchentes. Se produzimos muito lixo, favorecemos a contaminação dos lençóis freáticos, tão importantes para a vida. Se consumimos demais, prejudicamos todo o meio ambiente.

24Novembers/Shutterstock.com

▸ Devemos lembrar sempre: o planeta Terra é a casa de todos nós.

PENSE NISSO

Terra, nosso lar

[...] a Terra providenciou as condições essenciais para a evolução da vida. A capacidade de recuperação da comunidade da vida e o bem-estar da humanidade dependem da preservação de uma biosfera saudável com todos seus sistemas ecológicos, uma rica variedade de plantas e animais, solos férteis, águas puras e ar limpo. O meio ambiente global com seus recursos finitos é uma preocupação comum de todas as pessoas. A proteção da vitalidade, diversidade e beleza da Terra é um dever sagrado. [...]

BRASIL. Ministério do Meio Ambiente. *Carta da Terra*. Brasília, DF: MMA, [2012?]. Disponível em: https://www.mma.gov.br/responsabilidade-socioambiental/agenda-21/carta-da-terra.html. Acesso em: 19 set. 2019.

AMPLIANDO O CONHECIMENTO

Cultura de paz

Nito/Shutterstock.com

▸ Preservar o planeta é tarefa de todos nós; juntos somos mais fortes.

A construção da paz começa a partir de uma atitude pessoal que pode se refletir depois em diversos campos da vida, no meio ambiente, na sociedade, na saúde coletiva entre outros. [...]

A proposta da cultura de paz busca alternativas e soluções para estas questões que afligem a humanidade como um todo, não se foca na questão da violência, mas na paz como um estado social de dignidade onde tudo possa ser preservado e respeitado. Estes pontos são um dos grandes desafios da construção de uma cultura de paz.

De acordo com David Adams, a cultura de paz tem como base oito pilares:

1. Educação para uma cultura de paz
2. Tolerância e solidariedade
3. Participação democrática
4. Fluxo de informações
5. Desarmamento
6. Direitos humanos
7. Desenvolvimento sustentável
8. Igualdade de gêneros

CULTURA de paz. *InfoJovem*, [*s. l.*], [20--?]. Disponível em: https://www.infojovem.org.br/infopedia/descubra-e-aprenda/cultura-de-paz/. Acesso em: 1 out. 2019.

1. Explique como a convivência com seus familiares e colegas afeta sua vida.

2. Para você, o que é estar conectado com o planeta?

MOMENTO DE **REFLEXÃO**

1. Faça um mapa de suas conexões com os colegas preenchendo os quadros abaixo.

Nome: ______________________

Tempo de convívio por semana: ______________________

Principais qualidades: ______________________

____

____

Nome: ______________________

Tempo de convívio por semana: ______________________

Principais qualidades: ______________________

____

____

Nome: ______________________

Tempo de convívio por semana: ______________________

Principais qualidades: ______________________

____

____

Nome: ______________________

Tempo de convívio por semana: ______________________

Principais qualidades: ______________________

____

____

2. Relacione as colunas corretamente.

a) educação para uma cultura de paz

b) tolerância e solidariedade

c) participação democrática

d) fluxo de informações

e) desarmamento

f) direitos humanos

g) desenvolvimento sustentável

h) igualdade de gêneros

( ) Acolher imigrantes, respeitar a diversidade religiosa e garantir a todos saúde e alimentação.

( ) Colaborar para que rádios, jornais, redes de televisão e *sites* divulguem informações verdadeiras livremente.

( ) Contribuir para a paz mundial sendo contra a venda de armas e a guerra entre os países.

( ) Apoiar projetos educativos voltados para o convívio harmonioso e pacífico.

( ) Respeitar as diferentes culturas e crenças, ser empático e sempre se colocar no lugar do outro.

( ) Trabalhar para que homens e mulheres tenham direitos iguais de voto, de expressão, salários equivalentes etc.

( ) Garantir que todos tenham o direito de participar das decisões do grupo por meio da expressão de opinião, do voto etc.

( ) Proteger o meio ambiente a fim de garantir que as atuais e futuras gerações tenham recursos para se sustentar.

3. Leia com os colegas a vinheta **Ampliando o conhecimento**, da página 155. Pegue o material distribuído pelo professor, papel em branco, algumas revistas e notas adesivas. Com esse material, produza uma colagem com o tema "Cultura de paz na escola" aplicando o que foi visto no texto a seu contexto de estudante.

PARA LER E REFLETIR

Ricardo Ventura

A escolha é nossa: formar uma aliança global para cuidar da Terra e uns dos outros, ou arriscar a nossa destruição e a da diversidade da vida. [...]

Para realizar estas aspirações, devemos decidir viver com um sentido de responsabilidade universal, identificando-nos com toda a comunidade terrestre bem como com nossa comunidade local. Somos, ao mesmo tempo, cidadãos de nações diferentes e de um mundo no qual a dimensão local e [a] global estão ligadas. Cada um compartilha da responsabilidade pelo presente e pelo futuro, pelo bem-estar da família humana e de todo o mundo dos seres vivos. O espírito de solidariedade humana e de parentesco com toda a vida é fortalecido quando vivemos com reverência o mistério da existência, com gratidão pelo dom da vida, e com humildade em relação ao lugar que ocupa o ser humano na natureza.

BRASIL. Ministério do Meio Ambiente. *Carta da Terra*. Brasília, DF: MMA, [2012?]. Disponível em: www.mma.gov.br/estruturas/agenda21/_arquivos/carta_terra.pdf. Acesso em: 19 set. 2019.

1. O que mais chamou sua atenção nesse texto? Troque ideias com os colegas e o professor e escreva suas conclusões a seguir.

2. Para você, o que significa assumir uma "responsabilidade universal"?

3. A *Carta da Terra* nos fala de humildade em relação ao lugar que o ser humano ocupa na Terra. Que lugar é esse?

MOMENTO DE **ATENÇÃO PLENA**

Hoje, o momento de atenção plena será feito em duplas. Você deve sentar-se no chão ou na cadeira de frente para um colega. Um dos membros da dupla vai falar sobre um tema de sua escolha.

A tarefa do ouvinte é prestar atenção na maneira que ele escuta, sem interromper o colega.

COMPROMISSO DA SEMANA

Durante esta semana vou observar minha relação com as pessoas, vigiar meu humor, minha maneira de falar e meus sentimentos, de forma a contribuir com um ambiente acolhedor para todos que convivem comigo.

MEUS **PENSAMENTOS**

Anote aqui o que mais o marcou durante as reflexões deste diálogo. É possível que tenha sido uma ideia, um desejo, um sentimento, uma descoberta, uma proposta...

Caso queira, aproveite a oportunidade e ilustre seus sentimentos.

DIÁLOGO 19

Convivendo com as emoções

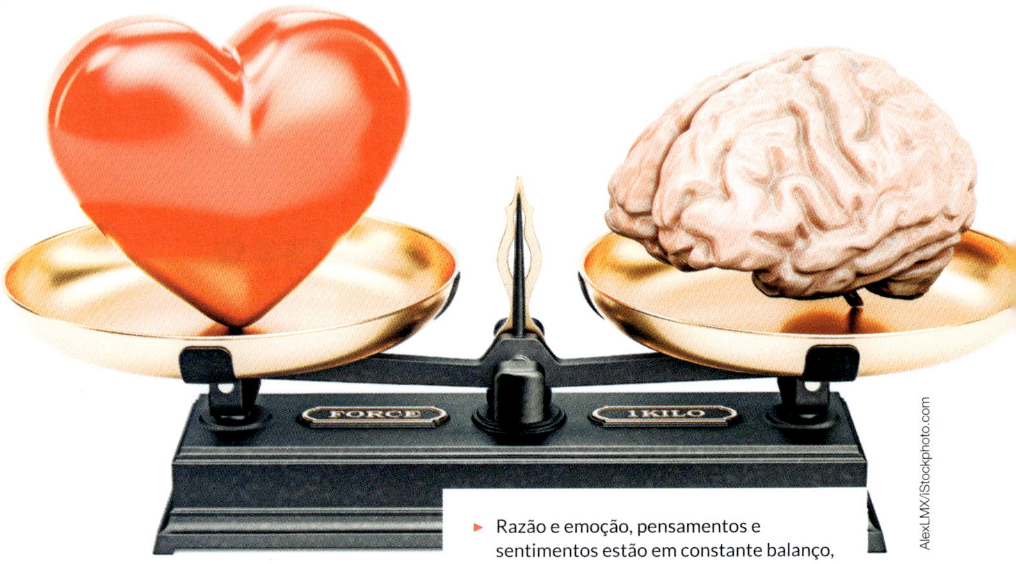

AlexLMX/iStockphoto.com

Razão e emoção, pensamentos e sentimentos estão em constante balanço, devemos buscar o equilíbrio.

Cuidando das próprias emoções

As emoções são um processo biológico que desperta sensações e são sentidas pelo corpo, desencadeadas pelo que acontece no ambiente à nossa volta. Elas são um meio natural de analisar o entorno e reagir a ele.

Inteligência emocional é a capacidade de uma pessoa entender, selecionar e gerenciar suas emoções de maneira eficiente e encontrar o equilíbrio para agir, gerando resultados positivos.

Controle emocional

Alguma vez você sentiu muita raiva ou ansiedade e fez algo de que depois se arrependeu? Já aconteceu de perguntarem a você por que agiu de determinada maneira e você não soube explicar? Essas situações indicam pouco controle emocional: quando algo ruim acontece, você reage sem pensar.

Para desenvolver o controle emocional, é importante entender seus sentimentos. Você precisa dar atenção aos sinais de ansiedade em seu corpo e nomear o que sente. Com isso, perceberá que algo está errado antes de perder o controle.

AMPLIANDO O CONHECIMENTO

Inteligência emocional

Cibele Queiroz

A capacidade de perceber os sentimentos do outro e vivenciá-los com ele é uma habilidade básica do ser humano, que pode ser desenvolvida com a prática.

Antes de tomar uma decisão, reflita sobre o ponto de vista do outro. Algumas perguntas o ajudarão, por exemplo: Como o outro se sente? Ele está em um bom momento? Algo o está deixando desconfortável? Tão importante quanto entender como você mesmo se sente, é perceber como o outro está se sentindo.

A inteligência emocional é muito importante para a convivência diária. Pessoas que sabem lidar com suas emoções – medos, inseguranças e insatisfações – têm mais possibilidade de sucesso nas atividades e na vida pessoal, familiar e profissional.

Quem desenvolve a inteligência emocional constrói um ambiente saudável e harmonioso para si e para as pessoas com as quais convive. Em geral, é um indivíduo produtivo, com grandes chances de alcançar seus objetivos e obter sucesso no futuro.

Nossa vida é uma soma de diferentes relacionamentos e experiências. E são as emoções que estabelecem a maneira, o jeito de nos relacionarmos com o mundo, determinando o sucesso ou o fracasso de nossos projetos pessoais. Assim, o autoconhecimento é fundamental para o desenvolvimento da inteligência emocional e, sem dúvida, uma porta aberta para uma vida mais saudável e feliz.

Para desenvolver a inteligência emocional, precisamos estar atentos a três pilares: nossa relação com nós mesmos, nossas emoções e expectativas; nossa relação com os outros considerando a empatia e solidariedade; e nossa relação com o mundo em que vivemos.

Piloto automático das emoções

Em um avião, o piloto automático possibilita ligar mecanismos essenciais ao bom funcionamento do voo sem a ação humana. No dia a dia, falamos e fazemos muitas coisas de modo "automático", ou seja, sem controle da situação. Quando vemos, já falamos ou fizemos algo.

Apático: indiferente, sem ânimo, desinteressado.

Mesmo que o "piloto automático" nos dê mais agilidade para as tarefas cotidianas, ele também pode nos tornar pessoas **apáticas**.

Todas as emoções são importantes para a manutenção da vida. Por exemplo: diante de uma situação perigosa, o medo nos possibilita buscar proteção.

Outras informações importantes sobre nossas emoções:

- elas refletem o que está acontecendo no nosso interior;
- informam como vivenciamos os acontecimentos do mundo ao redor.

Consciência e controle emocional

Ser capaz de reconhecer as próprias emoções é condição fundamental para o autoconhecimento e para compreender as emoções dos outros.

A consciência emocional é a base para conseguirmos controlar nossas reações diante das diferentes situações, especialmente as desafiadoras. Ela nos ajuda a controlar impulsos e a tolerar frustrações.

Assim, à medida que uma pessoa conhece suas emoções, torna-se capaz de lidar melhor com os próprios sentimentos e aprende a conviver de forma mais amigável, tolerante e respeitosa.

PIXAR ANIMATION STUDIOS/WALT DISNEY PICTURES/Album/ Fotoarena

▸ Na animação *Divertida mente*, os sentimentos são representados por diferentes personagens, cheios de personalidade.

MOMENTO de PROSA

01 O que você entendeu por inteligência emocional?

02 Conte um pouco aos colegas como você trabalha suas emoções. O que faz quando está com raiva, ansioso, amedrontado, inseguro ou muito feliz, eufórico, apaixonado etc.?

03 Qual é a importância da inteligência emocional para sua realização tanto na vida profissional como na afetiva?

O QUE FAZ A **DIFERENÇA**

O fato de desenvolvermos a inteligência emocional ajuda na prática da empatia, que é a capacidade de se colocar no lugar do outro. Essa forma de se portar melhora as relações pessoais.

Os pontos a seguir são importantes para melhorar a inteligência emocional.

Autoconhecimento

Quando não nos conhecemos, fica difícil trabalhar as emoções, compreender nossas reações ou reconhecer como nos sentimos diante de determinados acontecimentos.

Uma forma de mapear nossos sentimentos é anotar nossas emoções e reações diante das diferentes situações do cotidiano. Essa atividade nos faz mais conscientes de quem somos e de como agimos diante de diferentes acontecimentos.

Alena Ozerova/Dreamstime.com

▸ Manter um diário nos ajuda a ter mais percepção de nossos sentimentos, de nossas opiniões e ações do cotidiano.

Empatia

Um dos aspectos mais importantes da empatia é que ela facilita e melhora a comunicação entre as pessoas. Expressamos que somos pessoas empáticas quando:

- escutamos os outros e nos esforçamos para compreender seus sentimentos;
- consolamos os outros com palavras ou gestos de carinho;
- expressamo-nos com gentileza e cortesia;
- abandonamos os preconceitos e buscamos entender a história e as ideias do outro;
- desenvolvemos o valor da solidariedade.

AMPLIANDO O CONHECIMENTO

14 sinais de que você tem inteligência emocional

[...]

"Quem tem inteligência emocional geralmente é confiante, sabe trabalhar na direção de suas metas, é adaptável e flexível. Você se recupera rapidamente do estresse e é resistente", disse ao Huffington Post o psicólogo Daniel Goleman [...]. "A vida corre muito mais suavemente se você tiver boa inteligência emocional."

Os cinco componentes da IE, como definidos por Goleman, são autoconsciência, autorregulação, motivação, habilidades sociais e empatia. Podemos ser fortes em algumas dessas áreas e deficitários em outras, mas todos temos o poder de melhorar em qualquer uma delas.

Não tem certeza de qual é seu nível de inteligência emocional? Aqui estão 14 sinais de que você tem uma IE alta.

1. Você sente curiosidade sobre pessoas que não conhece. [...]
2. Você é um ótimo líder. [...]
3. Você conhece suas forças e suas fraquezas. [...]
4. Você sabe prestar atenção. [...]
5. Quando você está chateado, sabe exatamente por quê. [...]
6. Você se dá bem com a maioria das pessoas. [...]
7. Você se importa profundamente em ser uma pessoa boa e moral. [...]
8. Você se dá um tempo para desacelerar e ajudar os outros. [...]
9. Você é bom em ler as expressões faciais das pessoas. [...]
10. Depois de cair você se levanta rapidamente. [...]
11. Você é um bom juiz de caráter.
12. Você confia em seu instinto. [...]
13. Você sempre foi automotivado. [...]
14. Você sabe dizer não. [...]

Ricardo Ventura

GREGOIRE, Carolyn. 14 sinais de que você tem inteligência emocional. *Huffpost*, São Paulo, 24 jan. 2014. Disponível em: www.brasilpost.com.br/2014/01/24/sinaisinteligencia-emoci_n_4651027.html. Acesso em: 26 nov. 2019.

1. Em dupla, faça um exercício de autoavaliação dando notas de 1 a 5 para sua desenvoltura em cada sinal que compõe o indicativo de inteligência emocional alta. Explique ao colega e registre por que você deu a si mesmo determinada nota.

Sinal	Nota	Sinal	Nota
1		8	
2		9	
3		10	
4		11	
5		12	
6		13	
7		14	
TOTAL:			

2. Liste as emoções que são mais presentes em seu dia a dia.

3. Dentre as emoções listadas, quais são as mais fáceis de lidar e quais são aquelas que demandam inteligência emocional?

MOMENTO DE **REFLEXÃO**

1. Pense em alguém que, para você, é especial. Reflita sobre a importância dessa pessoa em sua vida. Abra seu coração em um bilhete, que você pode optar em ler ou não para a pessoa.

2. Explique a relação entre inteligência emocional e empatia.

3. Explique o que significa ser uma pessoa consciente em relação aos sentimentos.

4. Encontre no diagrama abaixo seis palavras relacionadas a este diálogo.

A	C	O	N	H	E	T	Z	A
U	O	E	M	O	Q	J	E	U
E	N	P	M	B	U	L	S	T
I	V	K	A	O	I	J	I	O
S	I	L	L	M	L	U	I	C
E	V	F	H	H	Í	Õ	A	O
N	Ê	U	U	U	B	J	T	N
E	N	T	Í	M	R	N	S	H
S	C	Z	O	Õ	I	Ã	E	E
E	I	É	S	E	O	T	N	C
N	A	F	Q	U	I	R	T	I
T	Á	Ê	M	P	A	T	U	M
S	E	M	P	A	T	I	A	E
S	U	C	E	S	S	O	E	N
U	T	A	H	E	T	X	N	T
E	M	O	Ç	Õ	E	S	T	O

PENSE NISSO

[...] a raiz do altruísmo está na empatia, a capacidade de identificar as emoções nos outros; sem a noção do que o outro necessita ou de seu desespero, o envolvimento é impossível. E se há duas posições morais que nossos tempos exigem são precisamente estas: autocontrole e piedade.

GOLEMAN, Daniel. *Inteligência emocional:* a teoria revolucionária que redefine o que é ser inteligente. Rio de Janeiro: Objetiva: 1995. *E-book*. Posição 482-489.

MOMENTO DE **ATENÇÃO PLENA**

Abracem uns aos outros formando um grande círculo. Fechem os olhos e prestem atenção aos seus sentimentos neste momento. Quando o professor autorizar, sem seguir uma ordem definida, cada um deve falar como está se sentindo. Respeitem os sentimentos expressos pelos colegas: apenas ouçam e sintam. Quando o professor autorizar, abram os olhos e comentem a atividade.

COMPROMISSO DA SEMANA

Durante esta semana, meu compromisso será prestar atenção aos meus sentimentos. Anotarei em um diário quais foram os principais acontecimentos de meu dia e como me senti diante de cada um deles.

MEUS **PENSAMENTOS**

Anote aqui o que mais o marcou durante as reflexões deste diálogo. É possível que tenha sido uma ideia, um desejo, um sentimento, uma descoberta, uma proposta...

Caso queira, aproveite a oportunidade e ilustre seus sentimentos.

DIÁLOGO 20

Agradecer é preciso

Ariel Skelley/Getty Images

Agradecer é um ato de reconhecimento e valorização da importância dos outros em nossas vidas.

Agradecer é um ato de gentileza

william87/iStockphoto.com

A gratidão é a resposta do coração para o que recebemos gratuitamente, a cada momento: o sol, a chuva, o vento, as pessoas e a natureza que nos cerca.

Agradecer é uma atitude de cuidado e de respeito pelo outro e pela vida. A capacidade de ser grato é um privilégio. Ela nos ajuda a ser otimistas e confiantes, além de melhorar nossa autoestima.

Quando somos agradecidos ficamos mais alegres, comunicativos, simpáticos, e isso proporciona uma convivência harmoniosa na escola, em casa com a família e com os amigos.

A gratidão tem o poder de nos tornar mais amáveis, compreensivos e bem-humorados. Viver a gratidão é o mesmo que dizer: “Eu me amo, amo as pessoas e amo a vida”. Quem ama agradece e cultiva a paz. O ato de agradecer significa abraçar a vida, com prazer, a cada momento.

Temos muito o que agradecer ao longo de um dia. Isso porque dependemos do trabalho e do afeto de outras pessoas. Assim, devemos ser gratos às pessoas que fazem as atividades domésticas em nossa casa, preparam nosso alimento, trazem-nos à escola, bem como aos colegas com quem convivemos.

AMPLIANDO O CONHECIMENTO

Cultura e religião

Coleção particular

▸ Para repetir o ato de agradecimento pelas colheitas, a população da vila organizou a Festa no Outono. Nesse evento foram servidos alimentos feitos com milho, peixe, patos e perus.

Em 1620, chegou à América do Norte, onde seria fundado o atual país Estados Unidos da América, o navio **Mayflower**, após uma viagem de 66 dias. Embora metade das pessoas tivesse morrido durante a viagem, desembarcaram 102 ingleses.

Um grupo de indígenas ensinou os sobreviventes a cultivar o milho, a extrair a seiva da **árvore de bordo**, entre outras atividades de sobrevivência.

Em 1621, após um inverno rigoroso, a população local organizou uma festa para celebrar a abundante colheita, convidando os indígenas a participar das comemorações. A partir dessa ocasião, todos os anos as pessoas se reúnem para celebrar e agradecer as boas colheitas.

Em 1863, o presidente dos Estados Unidos, Abraham Lincoln, decretou oficialmente que a 4ª quinta-feira de novembro seria o Dia de Ação de Graças, para expressar gratidão a Deus pelas pessoas e pelo ano que havia passado.

No Canadá e nas Ilhas do Caribe também é celebrado o dia de agradecimento a Deus por tudo o que aconteceu de bom durante o ano.

No Brasil, o Dia de Ação de Graças é comemorado em 23 de novembro. A data foi instituída pela Lei nº 781, de 17 de agosto de 1949, pelo presidente Gaspar Dutra.

Árvore de bordo: é uma planta pertencente à família *Aceraceae*, pode ser árvore ou arbusto. É nativa da Ásia e também chamada somente de bordo.

1. Como você se sente quando alguém demonstra gratidão por algo que você fez?

2. Quem são as pessoas que mais merecem sua gratidão? Por quê?

PARA **LER E REFLETIR**

Cibele Queiroz

[...] No que se refere à valorização, a gratidão é uma atitude entre pessoas: sou grato àquele com quem convivo, e manifesto minha gratidão. Agradeço pelo que fizeram e fazem por mim [...], mas também por sua simples presença e por serem o que são. Agradecer alguém é também um modo de aceitá-lo incondicionalmente. Se agradeço por sua simples proximidade, não tenho por que achar que algo nele está mal, ou que ele deve se modificar. Na gratidão, eu reconheço e aceito seu valor tal como é. [...]

Agradecido é aquele que pensa como se deve. É quem agradece ao seu semelhante pelo que ele significa. [...]

GRÜN, Anselm; DONDERS, Paul Ch. *Valorização pessoal e profissional*: o poder inspirador do reconhecimento. Petrópolis: Vozes, 2015. p. 84.

1. Como podemos expressar o sentimento de gratidão?

2. Qual é a relação entre a aceitação do outro com seu jeito de ser e a gratidão?

MOMENTO DE **REFLEXÃO**

1. Você concorda que o sentimento de gratidão pode tornar as pessoas mais felizes? Por quê?

____

____

2. Escreva **V** para verdadeiro e **F** para falso.

a) ( ) Demonstrar gratidão é desnecessário, afinal é obrigação agir com bondade.

b) ( ) Reconhecer a amizade que você tem com um colega, sendo atencioso e empático, é uma forma de gratidão.

c) ( ) Podemos ser gratos tanto pelas coisas materiais como pelas coisas imateriais de nossa vida.

d) ( ) É possível sermos plenamente felizes sem reconhecermos o que os outros fazem por nós.

e) ( ) A gratidão faz parte do autoconhecimento e do autocuidado.

3. Complete corretamente as lacunas do texto com as palavras do quadro a seguir.

amigos	empáticos	milagrosos	dias
gratidão	escola	familiares	

Todos os __________ estão repletos de atos __________________. Por exemplo, temos contato com nossos __________________ e __________________; temos alimento e condições de frequentar a __________________. Usando a __________________, podemos ser mais __________________ e felizes.

4. Os navegantes do **Mayflowe**r se sentiram profundamente gratos após 66 dias de viagem no mar, motivo pelo qual, entre outros, criaram o Dia de Ação de Graças. E, para você, qual foi o dia em que se sentiu mais agradecido em toda a sua vida?

____

____

____

Aurora: nascer do sol, início de um novo dia.

MOMENTO DE **ATENÇÃO PLENA**

Quero ser...

Quero ser a **AURORA**
Para dissipar a escuridão da noite,
Para fazer brilhar a luz do dia,
Para abraçar o dom da vida.

Quero ser FOGO
Para aquecer os corações sofridos,
Para queimar o mal que atormenta,
Para iluminar a vida de muitos.

Quero ser VIDA
Para fazer brotar a semente,
Para anunciar esperança,
Para acolher um novo dia.

Quero ser SOL
Para aquecer horizontes,
Para fazer crescer a planta,
Para dar novas cores a tudo.

Quero ser CARINHO
Para acariciar a ternura,
Para afagar rostos amigos,
Para reavivar o amor.

Quero ser CHUVA
Para fertilizar a terra ressequida,
Para dar uma nova vitalidade,
Para lavar e tornar tudo novo.

Quero ser JARDIM
Para conviver com as flores,
Para ser trilha, caminho, passagem,
Para perfumar e pacificar corações.

Quero ser MÚSICA
Para fazer vibrar e dançar,
Para sentir e movimentar,
Para ritmar e viver.

MAYER, Canísio. *Dinâmicas para desenvolver o crescimento pessoal e coletivo*. Petrópolis: Vozes, 2009. p. 144-145.

COMPROMISSO DA SEMANA

Esta semana vou me esforçar para ser muito grato pelas pessoas que limpam minha casa, lavam minha roupa e preparam minha comida. Vou agradecer pessoalmente a cada um dos professores que participaram de meu crescimento e aprendizado este ano. Vou agradecer a meus pais (ou responsáveis) por tudo que fizeram e fazem por mim. Vou agradecer a Deus pelo ano que passou.

MEUS **PENSAMENTOS**

Anote aqui o que mais o marcou durante as reflexões deste diálogo. É possível que tenha sido uma ideia, um desejo, um sentimento, uma descoberta, uma proposta...

Caso queira, aproveite a oportunidade e ilustre seus sentimentos.

Revivendo os diálogos

01 Qual é a relação entre as expressões *carpe diem* e *yolo* e o cuidado com a vida?

02 Explique o que você entendeu por viver com motivação.

03 O que é sustentabilidade? Cite três atitudes que podem favorecê-la.

04 Complete a frase:

Para mim, inteligência emocional é:

05 Folheie seu livro e veja cada um dos 20 compromissos da semana que você assumiu ao longo do ano. Quais deles se tornaram hábitos em sua vida? Explique como foi o processo de incorporação de cada compromisso.

PARA SE INSPIRAR

Pixar

Divertida mente, de Pete Docter (95 min).

Riley é uma garota de 11 anos que vivencia mudanças importantes em seu cotidiano. Dentro dela convivem várias emoções, como Alegria, Medo, Raiva, Nojinho e Tristeza. De forma divertida, o filme aborda os conflitos entre nossas emoções e a importância de cada uma delas para nossa sobrevivência.

European Film Market

No impact man (Homem sem impacto), de Laura Gabbert e Justin Schein (93 min).

Esse documentário traz a história de Colin Beavan, um escritor que decidiu passar um ano gerando o menor impacto possível sobre o meio ambiente.

Observando uma grande árvore, como a da imagem, podemos refletir que a vida é desta forma: para se tornar forte, robusta e saudável, é preciso começar de uma pequena semente. Essa grande e imponente árvore pode oferecer sombra, frutos, flores e abrigo. Mas, para isso acontecer, foram necessários anos ou talvez séculos para que ela crescesse.

Esperamos que as reflexões que você fez ao longo deste ano tenham servido de estímulo para seu crescimento, possibilitando que você se torne cada vez mais forte e enraizado em seus valores, que possa dar proteção e alento ao próximo e que se torne significativo para o mundo.

Por fim, esperamos que, ao longo desta caminhada, você possa manter um profundo respeito por todos e tudo que representa a vida!

Moritz Wolf/Imagebroker/Easypix Brasil